CONVERSATIONS *with*

RBG

「我反對！」

不恐龍大法官RBG第一手珍貴訪談錄

Ruth Bader Ginsburg on Life,Love, Liberty, and Law

Jeffrey Rosen

傑佛瑞・羅森——著　朱怡康——譯

獻給我深愛的母親，

艾絲黛爾・羅森（Estelle Rosen）

一九三三年四月八日——二〇一九年一月二十七日

「即使你已成年，失去深愛的父母仍是難以承受之痛。但你若能繼續認真工作、好好生活、迎接挑戰、享受人生，將是孝敬她的最好方式。那不正是她希望的嗎？」

——露絲・拜德・金斯伯格大法官

目次

導讀｜我們不同，但我們為一

林志潔｜國立陽明交通大學科技法律研究所特聘教授

答應寫這本書的導讀時，並未想到隨之而來的肺炎疫情不斷升溫，使台灣社會因為防疫政策、疫苗爭取與資源分配，屢次陷入對立的漩渦。本於法律人對分配正義與生俱來的關注，我就在疫情的三級警戒時期，讀完了這本 *Conversations with RBG* 中譯本：《「我反對！」不恐龍大法官RBG第一手珍貴訪談錄》。

對我來說，寫書的導論是個浩大工程，導讀者要有開出嬌美豔麗、芳香誘人的花朵、吸引讀者前來翻閱的功力，否則一不小心，就可能變成加害給付。我認為一個好的導論者應該要能做到：

第一、仔細讀完整本書；

第二、自己喜歡這本書；

第三、有強烈的欲望推薦他人也要讀這本書；

第四、用文字把書的內容和推薦的原因寫出來。

更何況之前我已經寫過關於RBG的〈當代女性的突圍〉（https://storystudio.tw/article/s_for_supplement/ruth-bader-ginsburg-and-sex-discrimination/）一文，這第二篇導論，要從怎樣的觀點切入，就非常重要。

許多人以為我每天創作大量文字，寫文章是很快速的。但其實寫日常生活雜感、報紙論壇，和寫書評導論的費力程度相比差距很大。前兩者其實都是由自我的論點出發，我心生我口，我手寫我口，有強大的動力要去言說、去寫出來。但後者需要從讀者觀點出發，基本上是要站在書的作者和書的讀者的角度去寫，超難超累，會答應撰寫導讀，完全因為是我自己非常尊敬這樣一位法律人。

同為女性，同為女性主義者，同為人妻人母，同為曾經的執業律師，同為想要改革社會不平等的法律人，在某些特別疲倦、有些灰心的時刻，我也會覺得需要一些力量。但是，正如我時常分享的體會：人生如同登山，若你達到了一個高度，如果放棄不是你的選項，就必須要有忍受孤獨的能力，不要去指望別人能理解你、陪伴你、支持你。

因此，如果在獨自前進的山徑上巧遇山友，有伴同行之感，總令人格外珍惜。而倘若在爬山爬到快要沒力之時，卻能在山屋裡看到之前山友所留下的指引，彷彿就是在黑夜中看到燦爛的星光了。

讀RBG的訪談錄，就具備如此「南針在抱」的典範功能，令人不忍釋卷！

作為美國聯邦最高法院第二位女性大法官，自打最高法院生態改變後，從曾經的多數意見和主筆，成了少數意見派，但她從不放棄運用意見書為未來的立法修法作為說帖，金斯伯格大法官的一生，見證、參與、影響了美國女權運動的發展與平等在法律中被落實的許多重要判決。金斯伯格大法官在二〇二〇年九月辭世，讓許多人包括我在內，深感哀傷和憂慮。就如她面對一些希望她在歐巴馬總統在任時就提早退休的學者所說：**你認為有哪一位人選是總統可以提名、參議院會通過而且你希望能在最高法院中來取代我的？**

結論是沒有、無可取代。而無可取代確實就是金斯伯格大法官的歷史定位。

這也是這一本書彌足珍貴之處。

作者對金斯伯格大法官的訪談精準又直率，金斯伯格大法官也來者不拒，有問必答，用幽默機智但又有高度的專業回覆許多困難的提問。

例如作者問：您寫過這麼多的意見書，您認為哪一件對公民自由最有貢獻？金斯伯格大法官說：喔，你這個問題就像在問我最喜歡四個孫子中的哪一個一樣！太多了啊！（讀到此，我忍不住哈哈大笑）但金斯伯格接著說：如果是女權領域的話，我想是ＶＭＩ！

ＶＭＩ指的是Virginia Military Institute，即著名的維吉尼亞軍校案，維吉尼亞軍校不允許女性申請入學，並以願意建立維吉尼亞女子軍事學院為解套方案，認為女性特質不適合軍事教育，也不適合男女混校，後經最高法院認為違反憲法平等權之規定，此判決之主筆即為金斯伯格大法官。

當作者問及金斯伯格最想推翻哪一個最高法院的判決時，她也直指：雖然自己尊重權力分立，認為司法宜窄不宜寬，法律有問題的常規作法，應該交給國會處理，但是如果一個法律涉及優惠差別待遇（也就是給予少數或弱勢群體較為優惠的措施，例如婦女保障名額或原住民加分政策），此時最高法院卻以嚴格的審查標準來做檢視，因而認定這樣的差別待遇違反憲法平等權的規定，例如費雪訴德州大學案（*Fisher v. University of Texas*, 570 U.S. 297〔2013〕），這就是她所不能同意的。

本書提到許多美國聯邦最高法院攸關平權的判決，也從金斯伯格大法官的訪談中，看到時代的演進。例如她提到，早期她擔任律師協助的這些平權案例幾乎都涉及男主外女主內的法律，例如鰥夫不可以領取社會保險的育兒津貼（*Weinberger v. Wiesenfeld*, 420 U.S. 636〔1975〕），例如女性中尉軍官無法如男性軍官在結婚後享有房屋津貼或醫療福利（*Frontiero v. Richardson*, 411 U.S. 677〔1973〕），在逐步消弭法律這種直接的差別待遇後，也出現許多其他不同層面的性別議題，例如涉及部分生產式墮胎（*Gonzales v. Carhart*, 550 U.S. 124〔2007〕）或近期的雇主是否得基於宗教信仰或道德理由，拒絕為員工提供醫療保險服務裡的避孕項目（*Little Sisters of the Poor Saints Peter & Paul Home v. Pennsylvania*, 140 S. Ct. 2367〔2020〕）。

我國婦女權利運動受美國婦運影響極深，不論在法制面或政策面，都可以看到美國法的身影。金斯伯格大法官對美國性別平權的許多努力，在遙遠的另一個國家獲得極大的進展，甚至訂了同婚合法的專法，這應該是她完全預料不到的成果。

本書除了回顧許多經典的判決外，也從訪談中讓大家更理解金斯伯格大法官的觀點。事實上，許多她的觀察和憂心，一樣可以適用於台灣的新世代身上。比如她擔憂許多年輕一輩因為前人的努力爭取，就容易將權利的存在視為理所當然，而卻少了奮鬥的動力；比如她提到年輕人應該真愛立國的價值，不要以為法律是萬能的，正如勒恩德．漢德法官所言，如果自由之魂從人民的心中死去，沒有任何一間法院能讓它復生；比如她勉勵年輕人不要單打獨鬥，要找想法接近的人一起努力，期待下一代的女性主義者，要致力於消除無意識的偏見，而落實的方法可以是讓更多的女性有機會上場。

在各種訪談議題中的分享中，有一點讓人印象特別深刻，就是金斯伯格大法官對於分屬不同派別的大法官，不論是對美國最高法院第一位女性大法官歐康諾的推崇，或是與極端保守派大法官史卡利亞長年保持不變的友誼。那樣跨黨派的情誼和對守護憲法一致的愛，讓他們既不同，又合一。就像在《史卡利亞／金斯伯格》這部歌劇中所寫的——We are different, We are one. 這樣的境界需要修煉，也很值得台灣的法律人，甚至全體知識分子學習。

或許我們可以用這樣一種「共同為社會更好」的信念，作為本導讀的結語。在紛擾不安的疫情中，回顧金斯伯格大法官的生平、她為看到平權所做的奮鬥、閱讀她為實踐憲法精神所寫的各種意見書，我們期待在台灣，也能有更多以愛、自由、人生和法治為主題的對話。因為我們或許對於問題應如何解決的看法有所差異，但我們對民主自由的價值和對於國家社會的愛，並沒有分歧。

序　言
Introduction

我這輩子最有幸建立的情誼之一，起於電梯裡的一次偶遇。一九九一年我年紀還輕，在美國哥倫比亞特區聯邦巡迴上訴法院（U.S. Court of Appeals for the District of Columbia Circuit）當法官助理，那是我第一次見到露絲・拜德・金斯伯格（Ruth Bader Ginsburg）。她當時是那裡的法官，我在她上完「爵士健美操」（Jazzercise）運動課後遇到她。她氣場強大、沉默寡言，不瞭解她的人往往誤以為她冷淡。搭電梯時她沉默如常，莫測高深如斯芬克斯（Sphinx）。

我既想破冰，一時又想不到其他話題，便開口問她最近看了哪齣歌劇。當時的我並不知道她是歌劇迷，但這似乎是個輕鬆又不致引起尷尬的話題。沒想到對歌劇的共同愛好讓我們立刻產生共鳴，我們開始聊音樂，彼此的對話從當時延續至今。

一年後，我到《新共和》雜誌（*New Republic*）當法律事務編輯，為他們撰寫最高法院和法律議題的報導。這是幸運之神對我的另一次眷顧，讓我二十八歲就得到夢寐以求的工作，與勒恩德・漢德（Learned Hand）、費利克斯・弗蘭克福特（Felix Frankfurter）、亞歷山大・比克爾（Alexander Bickel）[i]等憲法傳奇人物一起成為這本華府雜誌的法律作者。金斯伯格和我開始通信，談我在《新共和》初登場的文章，也聊她最近看的歌劇。一九九二年總統選舉後[ii]，我寫了一篇關於大法官安東寧・史卡利亞（Antonin Scalia）[iii]的文章，裡頭談到在總統和國會都由民主黨掌握之後，他已儼然成為「反對派領袖」。我寄給金斯伯格看，她回得相當委婉：「對我這位大法官朋友，你寫得挺有意思。」幾星期後，一九九三年一月二十一日，她看到我寫了一篇批評華盛頓國家歌劇院（Washington National Opera）《奧泰羅》（*Otello*）演出不佳的文章，便寫信給我：

> 二月十七日星期三那天有《杜蘭朵》（*Turandot*）排演，希望你有空邀一個朋友參加。雖然不知演出如何，但座位很前面……他們秋天還演過《沙皇的新娘》

（*Tsar's Bride*），真希望你看的是那齣而不是《奧泰羅》。如果你看的是那齣，你對華盛頓劇院的印象可能會好一點。

我去了《杜蘭朵》排演也謝謝她贈票之後，她去看了開幕演出，並於二月二十五日的信裡分享她的想法：「《杜蘭朵》陣容龐大，我昨晚看的那場合唱表現極好，尤其是第一幕。女主角伊娃（Eva）的聲音非常厚實，卡拉夫（Calaf）的〈公主徹夜未眠〉（Nessun Dorma）則唱得比我預期中好。很高興你看到本地劇院較好的一面，也坐到較舒適的座位。」

在那封信裡，她也談到我請她指教的另一篇文章。我那篇文章在讚美大衛・蘇特（David H. Souter）[iv]大法官之餘，也批評蘇特將約翰・馬歇爾・哈倫（John Marshall Harlan II）[v]大法官奉為英雄、推崇過度，變得像「哈倫教」。哈倫是溫和保守派，在

i 編註：以上三位皆為美國極為重要的法界人士。

ii 編註：該年美國總統大選最終由民主黨候選人柯林頓（Bill Clinton）勝出，擊敗時任總統布希（George Bush）。

iii 編註：自一九八六年起，由美國總統雷根（Ronald Wilson Reagan）任命為最高法院大法官，直至二〇一六年離世，乃美國至今任期最長的大法官。雖以其保守立場聞名，卻是金斯伯格重要的好友。

華倫（Earl Warren）任首席大法官時被任命為大法官。最高法院裡不分自由派或保守派都敬重他，視他為司法自制（judicial restraint）的典範。

> 我欣賞你對蘇特法官的評論，但我認為哈倫大法官值得你更高的肯定。我的良師益友傑瑞・鈞特（Gerry Gunther）[vi]對哈倫評價極高，因為他幾乎總是完全表明立場，不故作姿態也不譁眾取寵。他在韋爾許訴美國案（*Welsh v. United States*）中的協同意見書是典型範例，那對我倡議平權的歲月幫助很大。

金斯伯格提到一九七〇年的韋爾許案，既透露出她為平權倡議時的策略眼界，也展現出她對哈倫法官論事開誠布公的敬意。在那篇協同意見書中，哈倫主張補救違憲法律的辦法有兩種：一是擴大適用，二是宣告失效。換句話說，當法庭裁定某條法律因偏袒特定群體而違憲，補救方式不是宣告這條有問題的法律失效，就是將它的法益擴大到原本被排除在外的群體。在一九七九年發表的法學評論〈對修復違憲法律之司法權的思索〉（Some Thoughts on Judicial Authority to Repair Unconstitutional Legislation）中，金斯伯格援引了哈倫在韋爾許案的觀點，說他在韋爾許案的意見書對她深具意義。在她還是律師的時候，社會安全保險和公共救助福利因為歧視性刻板印象的關係，將特定性別排除在外。她向最高法院提出上訴，要求將這些社會福利擴大到男女兩性皆可受惠。[1]金斯伯格說，哈倫的意見書不但在這次上訴中給予她啟發，也協助她決定莫里茲訴國稅局局長案（*Moritz v. Commissioner of Internal Revenue*）的辯護策略。這是她贏得勝訴的第一件性別平權案，二〇一八年還拍成電影《法律女王》（*On the Basis of Sex*）。在莫里茲案中，她成功說服聯邦上訴法院，將原本只適用於撫養父母的單身女性的課稅減免，擴大到情況相同的單身男性。

她的信親切友善，給了我與她拉近距離的勇氣。三月十五日她六十歲生日那

iv 編註：前美國最高法院大法官，一九九〇年由美國總統布希提名，任職至二〇〇九年退休。他雖為共和黨，但在九〇年代後所做的投票判決大多傾向自由派。

v 編註：前美國最高法院大法官，任期自一九五五年至一九七一年。因其祖父約翰·馬歇爾·哈倫亦曾於一八七七年至一九一一年擔任過美國最高法院大法官，故而人們通常稱其為哈倫二世，以做區隔。

vi 編註：即為傑若德·鈞特（Gerald Gunther），金斯伯格於哥倫比亞法學院時期的指導老師。鈞特曾協助她擔任美國紐約南區聯邦地區法院的法律助理，在金斯伯格於美國公民自由聯盟擔任律師時，亦曾針對如何擴大婦女的憲法保護提供她建議。

天，我請花店送了束花給她。三天後，她親筆寫卡片給我：「這些花為我六字頭的第一次開庭增色，也讓我想到週末是春分。」她還提到她最近看了楊納傑克（Janacek）《狡猾母狐狸》（*Cunning Little Vixen*）的綵排：「是華盛頓歌劇院的戲，我們辦公室參觀的是三月十日中午那場。沒邀你去，你該請我三份墨西哥辣燉肉（puntas）。謝謝祝福，RBG。」

三月二十日，拜倫·懷特（Byron R. White）[vii]大法官退休。金斯伯格被認為是接替人選之一，但因為她曾批評最高法院對羅訴韋德案（*Roe v. Wade*）的法律推理，有些女性團體不滿她質疑這個劃時代的墮胎權裁定，認為她的立場不夠自由，反對提名她。

四月下旬，我為《新共和》寫了一篇文章〈名單〉（The List），依我認為的大法官適任資格評比七名主要人選，排名從低到高，最後一位是金斯伯格。「在所有人選中，」我對比爾·柯林頓總統過濾後的短名單評論道：「金斯伯格是最能同時獲得自由派和保守派敬重的一位。」

> 她對羅案的審慎態度，是柯林頓將此難解之結快刀斬亂麻的最佳機會。此

外，不論是書面交換意見或開會討論，她也是最可能爭取到搖擺大法官支持的人選。我們對金斯伯格唯一的顧慮，是她可能對立場模糊的中間派過於友善。不過，從她過去的表現來看，雖然她願意在小細節上妥協，可是在獲得法院公正審判權（broad access to the courts）、宗教自由、言論自由和性別平等各方面上，她的核心立場是有原則的自由主義（principled liberalism）之典範。如果她能獲得提名，將是費利克斯・弗蘭克福特出任大法官後最值得稱譽之事。一九六〇年時，弗蘭克福特曾以他還沒做好準備接受女性擔任法律助理為由，拒絕任用金斯伯格。現在，我們準備好了。[2]

雖然我當時並不知情，但幾週之前，金斯伯格法官的夫婿馬蒂・金斯伯格（Marty Ginsburg）已默默展開行動，說服紐約州參議員丹尼爾・派翠克・莫尼漢（Daniel Patrick Moynihan）支持提名她（莫尼漢原本態度猶疑，後來不但同意，還幫忙向麻州參議員愛德華・甘迺迪〔Edward Kennedy〕拉票。後者支持的人選原本是史蒂芬・布雷

vii 編註：前美國最高法院大法官。任期自一九六二年至一九九三年。判決立場上傾向保守，在羅訴韋德案中，懷特為反對方。

耶（Stephen G. Breyer），甘迺迪波士頓老家的聯邦上訴法院法官）。「第一次和總統談時，我已經看過你的文章，也記了起來。」一九九三年六月二十一日，莫尼漢寫信對我說：「另一方面，在六月八日那週剛開始的時候，總統無疑已經把人選縮減到三個：布雷耶法官、馬里特（Gilbert Merritt）法官，還有（內政）部長巴比特（Bruce Babbitt）。沒想到突然間，金斯伯格法官又加進來了。」

莫尼漢後來寫了封信傳真給《新共和》，講述他在後續發展中的角色，可是最後沒有刊出。

一九九三年五月十二日，我和總統還有哈洛德·伊克斯（Harold Ickes）和大衛·威廉（David Wilhelm）（按：這兩位為總統助理）一起飛去紐約。旅途飛了三分之二左右的時候，他把演講稿擺到一邊，轉向我，問道：我該提名誰去最高法院？我說，露絲·拜德·金斯伯格顯然是不二人選。他說，女人反對。我說，這正好是另一個該提名她的理由。雖然她們很氣她在紐約大學的麥迪遜講座（Madison lecture）（按：她在這場演講中批評羅訴韋德案的法律推理），可是她講的顯然沒錯。我和總統那次講到這裡。

一個月後，六月十一日，我撥電話給葛根（按：大衛・葛根〔David Gergen〕，白宮聯絡室主任），我們本來在講別的事。後來他像臨時想到似地，問我最希望哪個人進最高法院。我跟他講了我和總統的對話。那時哥倫比亞大學校長麥可・索文（Michael Sovern）寫了封信給總統，我正好有收到副本。索文那封信講到歐文・格里斯沃德（Erwin Griswold）院長的一篇演講，是最高法院喬遷至新大樓五十週年時講的。格里斯沃德院長提到幾位積極上訴最高法院的律師，還特別講到瑟古德・馬歇爾（Thurgood Marshall）[viii]對種族平等的貢獻，以及露絲・拜德・金斯伯格對性別平等的貢獻。葛根問我可不可以把那篇演講寄給他看。湊巧的是，我的助理愛蓮諾・桑頓（Eleanor Suntum）有個姊妹在最高法院工作，而且之前是在它的圖書館任職。我還沒交代，愛蓮諾就已經打電話給她那個姊妹，於是那篇講稿不到一小時就傳真過去了……隔天午夜剛過，總統看完棒球賽，打電話問我願不願意支持露絲・拜德・金斯伯格當大法官。[3]

viii 編註：前美國最高法院大法官，任期自一九六七年至一九九一年。是第一位擔任最高法院大法官的非裔美國人。

一九九三年六月十四日，柯林頓提名露絲．拜德．金斯伯格為最高法院大法官。金斯伯格法官客氣地說我那篇文章幫了她一把，讓她順利出線。「你播下的期許，」金斯伯格六月十八日寫信對我說：「我會努力實現。」其實，我那篇文章只是機緣湊巧，我也只是正好在對的時間、對的位置，加入了推薦她的合唱，與有幸認識她的友人和崇拜者一起，自動自發地為她認證。

接下來的二十五年，我與金斯伯格大法官的通信雖然斷斷續續，但信中的溫暖情誼始終沒變。她寫信給我，有時是表達她對我的某篇文章贊同與否，有時是邀我參加某齣特別有意思的歌劇（到了這個階段，她常跟我開玩笑說華盛頓歌劇院的演出只要是她喜歡的，就「可能搆不上你的高標準」。）

舉例來說，一九九三年九月二十四日，距她在最高法院第一次開庭的一週半前，她寄了華盛頓歌劇院《安娜．波蕾納》（*Anna Bolena*）的邀請函給我，還補上一句：

> 要是我更瞭解他的作品，我會和你一起像山繆．巴伯（Samuel Barber）[ix]一樣跑得遠遠的。辦公室現在有模有樣了，但還要幾個星期才能完工。十一月底應該能鋪上新地毯、重新粉刷，把向地方美術館借來的作品布置好。

隨信附上一篇比較輕鬆的報導，出自一份沒那麼有名的雜誌——《布爾瑞利學校暑期公報》（*The Brearley School Summer Bulletin*），一九九三年的。

那篇報導引述了她的女兒珍（Jane）多年前的中學畢業紀念冊，說她的心願是「見到媽媽被任命為最高法院大法官」，還有「最後可能是她任命媽媽當大法官」。

隔年，哈利·布萊克蒙（Harry Blackmun）[x]大法官辭職，柯林頓總統提名史蒂芬·布雷耶接替他的位子。七月二十二日，金斯伯格「以新訂戶（至少是新訂戶的配偶）的身分」寫信給我，談她對我在《新共和》的兩篇文章的想法。一篇是關於布雷耶，另一篇評論的是勒恩德·漢德的新傳記，那本傳記的作者是她法學院的導師傑若德·鈞特。「傑瑞是我在哥倫比亞的老師，我們一直維持深厚的友誼。史帝夫（編按：即史蒂芬·布雷耶）是個好人，也是個真誠的人。」她寫道：

ix 編註：美國作曲家，寫有交響曲、歌劇、合唱、以及鋼琴曲。《弦樂慢板》（*Adagio for Strings*）為其最知名的作品。

x 編註：前美國最高法院大法官，任期自一九七〇年至一九九四年。他因主筆羅訴韋德案的判決意見書，明確支持墮胎權而聞名。

漢德文筆極好，好到我幾乎忘了他不甚傑出的特質，包括他不願讓我（或任何女性）當法律助理的事實。我一九五九到六一年在紐約南區法院工作的那段時間，我老闆帕米耶里（Palmieri）法官會送這位大人物回家。只要我工作夠早做完，我也會搭他便車坐在後座。我很愛聽漢德朗誦詩詞和唱歌，尤其是吉伯特與蘇利文（Gilbert & Sullivan）的作品。傑瑞那本書正是我希望看到的樣子，從頭到尾都寫得好極了。

歌劇消息：我們七月十七日在格林德本（Glyndebourne）看了《唐・喬望尼》（*Don Giovanni*）。場地很棒，樂團和歌手好極了，唯一的缺點是改現代版沒改好。

這封信稍後談到最高法院最近裁定的兩個案子，金斯伯格說它們讓她特別有共鳴。第一件是伊班內茲訴佛羅里達商業及專業規範部（*Ibanez v. Florida Department of Business and Professional Regulation*），大法官們意見一致，主要意見書由金斯伯格主筆。希薇雅・薩菲爾・伊班內茲（Silvia Safille Ibanez）是律師，同時也有會計師執照，可是因為佛羅里達州會計局（Florida Board of Accountancy）作風官僚之故，她工作的公司並未取得許可，她也因此被會計局控告詐欺。最高法院裁定伊班內茲以註冊會計師（CPA）的資格自我宣傳並非詐欺，反而是佛羅里達州的作法侵犯伊班內茲的第一修正案權利。雖然伊班內茲在中佛羅里達大學（University of Central Florida）擔任會計講師，工作繁忙，她還是設法匀出時間一路上訴到最高法院。金斯伯格除了欣賞她鍥而不捨的精神之外，可能也被她過去的成就所吸引——伊班內茲曾是傑出的歌唱家，曾在梵蒂岡（Vatican）和薩爾茲堡室內樂團演唱。[4]我不久就發現：對這類人生細節的關注，是金斯伯格思考案件的特色。她總是把焦點放在這些試圖定義自身人生道路、有血有肉的個體在現實世界所面對的挑戰。

第二件讓金斯伯格頗有共鳴的案子是拉茲拉夫訴美國案（*Ratzlaf v. United States*）。她對這個案件的思考，不僅顯示出她對公民自由的敏感度，也展現出她對法律如何影響現實人生的關切。沃德瑪·拉茲拉夫（Waldemar Ratzlaf）積欠了十六萬美元賭債，據聯邦報告法規定，他只要有一萬美元以上的交易，都必須向財政部報告。可是他付現金十萬美元時沒有報告，被控違法。拉茲拉夫辯稱他根本不知道有這項規定，不應為沒有報告而負法律責任。最高法院以五比四票多數裁定對拉茲拉夫的判決不當。因為拉茲拉夫「故意違反」報告法的罪名若要成立，政府必須證明他知道自己的行為是違法的，並有特定之違法意圖。金斯伯格同意這份見解，也負責撰寫意見書。四張反對票的意見書則由布萊克蒙大法官撰寫，他們認為不知道法律規定不是抗辯理由。第二巡迴上訴法院資深法官皮耶・勒瓦爾（Pierre Leval）最近寫信對金斯伯格稱讚這項判決，說他總是提醒陪審團：「故意」指的是「惡意違反或忽視法律」。他說，他前一年也做出類似判決：有一對哥倫比亞籍姊妹以打掃房子為業，生活清苦，但幾個月下來也為妹夫存下十二萬美元。她們作證說並不知道這樣違法。勒瓦爾同意她們沒違法意圖，宣判無罪。勒瓦爾和金斯伯格一樣，看重的是憲法裁定在具體的、為目標努力奮鬥的人們身上所發揮的實際效果。

一九九七年，《紐約時報雜誌》（*New York Times Magazine*）找我為金斯伯格大法官做專訪，主題是最高法院的「自由主義新面孔」。我寫信請她接受訪問時，她靦腆地推辭。「借用郝思嘉（Scarlett）的名言，」她寫道：「我明天再想。」[xi] 後來她寄了包裹給我，裡頭有一張手寫便條：「親愛的傑夫，麻煩跟紐時雜誌說——拜託不要。多看看檔案夾裡的東西。趕快跟他們說不行，我二〇一〇年再給你一個獨家專訪。多謝。RBG」藍色檔案夾裡有一些文章，其中包括她回絕訪問的兩封信，一封是婉拒記者瓊・比斯科皮奇（Joan Biskupic），另一封是辭謝法學教授杭特・克拉克（Hunter Clark）。依她一九九五年對克拉克的回覆，原因是：「我覺得太快了……現在就認為值得為我寫傳還為時過早。這份美好的工作我才做了差不多要開始第三年，如果我會寫出什麼重要的東西，我希望現在大部分還沒寫出來……如果要談談我的人生，我想二〇〇三年或許比較合適。另外還有工作量會太大的問題……我必須小心省著時間用，畢竟最高法院工作繁重，而且我需要睡眠充足才能做好工作。」

不過，我還是繼續說服她讓我寫《紐約時報雜誌》那篇文章。最後她提了一個特別的解決辦法，既能夠不接受我的訪問，又讓我有材料為那篇文章寫個好開頭——她邀我去她的辦公室，想參觀多久就參觀多久。到了約好的那天，她與我稍做寒暄就離開了。以下是我對那次特別經驗的記錄：

> 一個人待在她的辦公室，我帶著點尷尬瀏覽她的書櫃。有很多民事訴訟程序的書，當代女性主義暢銷書也多得驚人，裡頭包括黛博拉・坦南（Deborah Tannen）的《辦公室男女對話》（*Talking from 9 to 5*），還有安妮塔・希爾（Anita Hill）和愛瑪・喬丹（Emma Jordan）的《美國的種族、性別與權力》（*Race, Gender and Power*

xi 譯註：這句話是委婉表達拒絕，類似「改天再說」。在《亂世佳人》結尾，白瑞德離開郝思嘉時，郝思嘉也說了這句話，但脈絡不同（郝思嘉說的是：「我明天再想，總能想出辦法讓他回心轉意。」）。

in America）。普契尼（Puccini）的作品占了一塊專區，還有二十世紀初的新藝術（Art Nouveau）海報。沒過多久，金斯伯格大法官的祕書走進來說：大法官特地從車上打來電話，要我看一張相片。那是她女婿和她孫子嬰兒時照的。大法官想告訴我，那是她對未來的夢。

我當時以為她只是想表達為人祖母之樂，稀鬆平常。後來才想到，金斯伯格大法官想說的也許是更細膩的東西——關於性別角色的轉變。我記得她剛進最高法院的時候，依慣例接受《訴訟要覽》（*The Docket Sheet*）的訪問，在裡頭介紹自己，好讓院內同仁認識新任大法官。最高法院公共新聞主任佟妮・豪斯（Toni House）問她：為什麼同意她的一名法律助理大衛・波斯特（David Post）彈性上班？她說波斯特應徵時講過，為了讓他的經濟學家妻子能應付繁忙的工作，他白天得照顧兩個年紀還小的孩子。「我心想，這就是我夢想的世界，世界就該是這個樣子。」金斯伯格高興地說：「父親們為照顧孩子擔起同等責任的時候，就是女性真正獲得自由的時候。」[5]

《紐約時報雜誌》這篇文章有兩個明顯錯誤。首先，我在開頭寫到我和金斯伯格大法官最近的一次閒聊。我們那天都去華盛頓歌劇院聽莫札特的《Così fan tutte》，那齣歌劇是說兩個男人打賭女友不會變心，各自易容勾引對方的女友，結果發現她們都對自己不忠。導演想從女性主義的角度改寫這齣戲，在劇中讓兩名女性偷聽到打賭內容，故意將計就計假裝不忠。中場休息時，我對金斯伯格大法官說這樣改編不合理，與十八世紀的兩性雙重標準不符。從這齣戲的名稱通常譯成《女子絕不可信》（*Never Trust a Woman*），就已反應出那個年代的價值觀。金斯伯格說義大利文劇名是第三人稱複數，譯成《他們都是如此》（*They Are All Like That*）比較精準，所以沒道理假設莫札特和他的填詞者羅倫佐·達彭特（Lorenzo Da Ponte）偏袒哪一方，他們並沒有認為女性比男性更可信或更不可信。

雖然我覺得這件趣事正好串起金斯伯格對莫札特的喜愛和她對性別平等的執著，是令人讚賞的嘗試，但沒想到內容不太正確。文章刊出後，金斯伯格收到全國各地樂迷的指正信，對她說義大利文的「tutte」是陰性，與陽性的「tutti」有別。她寄了其中一封給我看。就如一名哈佛音樂學家在寫給金斯伯格的信中所說：「義大利文和英文不一樣，義大利文的第三人稱複數字尾有陰陽性之別……所以這齣戲更精確一點的翻譯應該是《女人皆如此》（*Women all behave that way*）。」金斯伯格幽默看待這個小差錯，說那封信是她「最好的義大利收藏」。

那篇文章的第二個錯誤，責任完全在我。一九九六年總統選戰期間，國族主義保守派評論員派特．布坎南（Pat Buchanan）抨擊金斯伯格，說她是司法社運分子。那年三月四日，金斯伯格寫了封信給我和她一位在當法學教授的前同事，說的感想差不多：「你知道我作風有多『保守』，看到派特．布坎南把我當那麼重要的攻擊目標，你一定覺得挺好笑的吧？我知道這都是託『金斯伯格』這個姓氏的福。不過，我很榮幸和我一樣的人不少。」

我在《紐約時報雜誌》那篇文章裡說，布坎南把她看反了：她投票支持推翻的聯邦法律數量很少，其實是最高法院裡最克制的大法官。但我那篇文章實在缺乏想像力，竟然以為金斯伯格會永遠謹守司法最小主義，堅持當司法祭司，而非司法先知：「她的司法最小主義、她在法學詮釋和個人言行上的克制，還有她強調避免而非挑起憲法衝突的作風，讓作為大法官的金斯伯格絕對不可能成為大破大立的改革領袖，也讓她在意見分歧的最高法院有望發揮首席大法官的作用。」

後續發展證明我的推測缺乏遠見。由於布希訴高爾案（*Bush v. Gore*）的關係，有機會決定下一任首席大法官的不是柯林頓，而是喬治．布希（*George W. Bush*），而金斯伯格當時對布希訴高爾案的判決十分不以為然。[xii]在首席大法官威廉・倫奎斯特（William H. Rehnquist）和大法官珊卓拉・戴・歐康諾（Sandra Day O'Connor）先後離去之後，他們的位子分別由約翰・羅伯茲（John G. Roberts Jr.）和山繆・阿利托（Samuel A. Alito Jr.）接下，最高法院向右派偏移。在大法官約翰・保羅・史蒂文斯（John Paul Stevens）於二〇一〇年退休後，金斯伯格成為自由派大法官中最資深的一位。在這個新角色中，她將搖身一變，成為「聲名狼藉的RBG」。這時的她與她的朋友史卡利亞大法官八年前一樣，成了反對派領袖。

一九九三年，金斯伯格被提名為最高法院大法官的時候，她被視為法官的法官、司法最小主義者，她對司法職能的克制見解受到保守派的讚美（也被部分自由派質疑）。可是在接下來的二十六年中，她不但成為我們時代最具啟發性的美國偶

xii 編註：布希訴高爾案指的是二〇〇〇年美國總統選舉計票糾紛所引發的法律案件，最後投票結果出爐，布希僅比高爾多出一七八四張選票。由於關鍵的選舉人票在佛羅里達州，根據佛州地方法律，當雙方選票差距數量小於百分之〇・五的佛州選民數量時，則須重新計票。重新計票後，布希的票數依舊多於高爾，但差距小於第一次計票結果。不過此次佛州使用機器計票，有些選票機器並無法識別，高爾一方要求針對機器無法識別的廢票以及民主黨支持率較高的幾個縣重新人工計票，但美國最高法院駁回該要求，並且也未延長必須在選舉人團投票的六天前完成點票的截止日期。

像，現在也被視為美國歷史上對憲法變革最具影響力的人之一。我有幸一路觀察這個轉變，也先後以法律記者、法學教授，以及最近的費城國家憲法中心（National Constitution Center）主任的身分，在一系列公開訪談和對話中問過她這件事。這些訪談很多是在聽眾面前進行。在接下來看到的對話裡，金斯伯格完全展現她的本色——坦誠、冷靜、專注、善於傾聽；對事實、判例、法律論證和它們背後的人物細節記憶驚人，如數家珍。最重要的是，她總是散發深刻的智慧，也一定要深思熟慮後才會開口（她的朋友和法官助理都知道，問答之間的漫長停頓該靜靜坐著，因為停頓就是她整理思緒的時候）。對於她擔任大法官這些年「變了」的說法，她不表同意，反而認為是最高法院變得更保守，所以在她成為自由派資深領袖、負責指派幾份主要意見書和許多不同意見書（dissent）之後，[xiii]她在最高法院中的角色也變了。不過，隨著她改變我們對性別平等的憲法見解，她從她自稱的「火爆女性主義者」和七〇年代那個精明的策略家，轉變成八〇和九〇年代那位克制的司法最小主義者，決心讓立法機關和輿論來推動社會變革，而非法院。在律師歲月，她有策略性的觀點，也對自由平等懷有遠大的理想與熱情；在擔任大法官期間，她認知到，在代議士的選擇與憲法有所衝突時，最高法院的職能雖然有限，卻至關重要，而她必須依據具有原則的決心去守護。最近十年，她則是結合了自己的這兩個面向。

為切合每章主題，以下收錄的對話有經過濃縮和編排。為求清晰準確，它們也都有經過金斯伯格大法官編輯修訂。但大法官每一句發人深省的話，都完全出自她本人。

xiii 譯註：關於意見書的指派和資深大法官在其中的角色，請見第七章。

CHAPTER

1

她的指標案件
Her Landmark Cases

身為美國公民自由聯盟（American Civil Liberties Union，以下簡稱ACLU）女權計畫的共同創辦人，一九七二到一九八〇年的露絲．拜德．金斯伯格致力說服最高法院：明顯為裨益或保護女性而設計的法律，造成的往往是反效果。因此，她從幾條獨獨裨益女性的法律著手，選擇代表幾位因此失去法律利益的男性原告提憲法訴訟。這種具有遠見的策略迫使最高法院釐清對性別歧視的審查標準，讓這種標準能中性地適用於兩性。在訴訟策略上，她以瑟古德．馬歇爾律師為榜樣。一九五四年時，馬歇爾首開先河，在布朗訴教育局案（*Brown v. Board of Education*）中成功勝訴，說服最高法院終止學校種族隔離政策。馬歇爾是美國全國有色人種協進會法律辯護基金會（NAACP Legal Defense Fund）的創設者，也是它的第一任主任律師。他採用的是漸進策略，先針對採取種族隔離措施的法學院，代表被它們拒於門外的非裔美人提出訴訟，下一步才擴大目標，對影響更多人的公立教育機構種族隔離措施發難。受馬歇爾啟發，金斯伯格也決定採取漸進策略，先代表七〇年代男性法官最可能認同的原告提訴訟。

金斯伯格常與我談起這些案例，在她口中「一點也不美好的往日時光」裡，最高法院一再維護基於性別的差別待遇。以下是她致力著手翻轉的案例。在一九六一年的何伊特訴佛羅里達州案（*Hoyt v. Florida*）中，葛文德琳．何伊特（Gwendolyn Hoyt）被全由男性組成的陪審團判謀殺罪。何伊特的辯護律師是金斯伯格心目中的英雄——女權律師桃樂絲．肯揚（Dorothy Kenyon）[i]。雖然肯揚設法挑戰基於性別而排除女性成為陪審員候選人的規定，但功敗垂成。後來金斯伯格接下她的第一件憲法訴訟——里德訴里德案（*Reed v. Reed*），準備理由書時，她不但將桃樂絲．肯揚列為共同作者，向她致敬，也列入律師先進和民權運動者保莉．莫瑞（Pauli Murray）[ii]的名字。

里德案的兩造當事人是一對離婚夫妻，莎莉．里德（Sally Reed）和塞西爾．里德（Cecil Reed），他們共同擁有養子理查（Richard，暱稱「史基普」〔Skip〕）的監護權。某個週末，正在爸爸家裡的史基普問媽媽能否早點回家，莎莉說法律規定他得留在那裡。史基普在萬念俱灰下舉槍自盡。[1] 莎莉忍住悲傷，申請成為兒子的遺產管理人，但愛荷華州的法院駁回請求，因為州法規定：「當資格相同之數人皆要求成為管理人，男性先於女性。」金斯伯格是里德案上訴理由書的主要作者，她在理由書中將性別歧視比做種族歧視，主張愛荷華那條州法應該像種族歧視的規定一樣，採「嚴格審查基準」，因為性別和種族都是「與生俱來而無法改變」的特徵，「與天分和表現能力無必然關係」。金斯伯格也指出：塞西爾和莎莉．里德「境況相似」，兩個人都能把遺產管理得一樣好。一九七一年十一月二十二日，最高法院一致同意該愛荷華法律違憲，共同意見書由首席大法官華倫．伯格（Warren Burger）主筆，首次以第十四條修正案的平等保護條款禁止性別歧視。不過，金斯伯格並未完全取得

i 編註：美國政治活動家，是支持公民自由的律師、女性主義者，亦曾任法官。她倡導社會正義和各種自由進步政策，如新政、婦權、勞工運動和消費者合作社，後因麥卡錫不實指控其為共產黨員而與麥卡錫對簿公堂。雖然勝訴，但她的公職生涯也因此結束，後轉入ACLU從事女性權益工作。

ii 編註：非裔美籍民權活動家，亦為律師、婦權倡議者、作家。莫瑞於一九七七年被任命為聖公會牧師，是第一位被任命為聖公會牧師的非裔美國女性。

勝利——最高法院選擇不將「嚴格審查基準」適用於那條州法，而是認定該法條為「任意之立法選擇」（arbitrary legislative choice）而宣告失效。然而依照金斯伯格的看法，按照憲法，對性別歧視應該適用「嚴格審查基準」。

另一個案子是弗朗蒂羅訴理察森案（*Frontiero v. Richardson*）。在本案中，金斯伯格主張：女軍人的丈夫應該享有與男軍人的妻子一樣的福利。本案當事人莎朗·弗朗蒂羅（Sharron Frontiero）是物理治療師，在阿拉巴馬州（Alabama）蒙哥馬利（Montgomery）一所空軍醫院服務。弗朗蒂羅知道，她在空軍的男同袍都可將妻子報為「被扶養人」，不論她們實際上需不需要被丈夫扶養。可是她婚後赫然發現，她並沒有像那些已婚男同袍一樣獲得更多房屋津貼。按相關法律，女軍人除非能證明丈夫的生活花費有一半以上是她們出的，否則房屋津貼不會提高。

金斯伯格認為補救之道不是刪除已婚男性的福利，而是將提高津貼的資格擴大到男女兩性。就像大法官哈倫在韋爾許訴美國案中說的那樣，擴大適用和宣告失效都可補救法律缺陷。金斯伯格也明確指出，當前的政策不啻於懲罰女性軍人的男性配偶。她在言詞辯論時據理力爭，雄辯滔滔，大法官們一次也沒有打斷她。一九七三年五月，最高法院宣告禁止這種性別差別待遇，也有數名大法官表示願意採納嚴格審查基準，將這套標準適用在基於性別的分類。然而，贊同嚴格審查的第五票始終沒有出現。一九七六年為克雷格訴伯倫案（*Craig v. Boren*）上訴時，金斯伯格總算說服最高法院讓步，採取所謂「中度審查」（intermediate scrutiny），以僅僅略遜於對種族歧視的審查標準對待性別歧視。

對自己擔任律師時處理過的案件，一九七五年的溫伯格訴維森菲德案（*Weinberger v. Wiesenfeld*）是金斯伯格最津津樂道的之一。她在這件訴訟中代表一位年輕鰥夫。這名男士在申請社會安全保險遺屬給付時遭拒，但如果他是女性，他完全符合資格。而且若是獲得這筆給付，他可以留在家裡照顧尚在襁褓的兒子。雖然這條法律看似只歧視男性，但金斯伯格成功論證這項歧視其實是「雙面刃」：它一方面倚賴「男主外女主內」的「古老刻板印象」，另一方面，儘管法律要求女性像男性一樣繳納社會安全稅，給她們家人的補貼卻比較少。最高法院一致同意她的主張。

這些年來，每當金斯伯格與我談起她在ACLU時期的這些指標案件，她經常一併聊起這些案件背後的人的故事。對她來說，她的律師歲月不是為抽象原則而戰，而是為個別男性與女性爭取正義，保障他們因性別歧視的法律而受損的權益。在敘述這些案件時，她總是能十分精確地說明法律的技術層面，鉅細靡遺地闡述事實細節，並自然流露對案件當事人的關懷。

❖　❖　❖

羅森　您一九七〇年代擔任ACLU律師的時候，被稱為女權運動的瑟古德·馬歇爾。

金斯伯格　他是我當律師的榜樣。你提到我是漸進式地一步一步來，他就是這樣做的。他不會第一天就找上最高法院說「終止美國種族隔離」，而是先從法學院和大學開始。在打下一定基礎之前，他不要求最高法院拋棄「隔離但平等」原則。當然，在七〇年代打性別平等官司，與五、六〇年代參與民權運動很不一樣。瑟古德·馬歇爾與我最顯著的不同，就是我從來沒有生命危險，而他有。他會去南方小鎮為人辯護，有些根本是誣告，而他真的不知道自己什麼時候會沒命。我從來沒有這種問題。

羅　在ACLU的經驗，對您擔任大法官的工作影響多大？

金　我為ACLU女權計畫寫理由書的時候，總試著寫得深入淺出，條理分明，好讓同意我的主張的大法官，能夠參考我的理由書寫他的意見書。我大多數時候把自己當成老師，因為當時大家對性別歧視瞭解不多。社會大眾雖然已經知道種族歧視的醜惡，可是很多人以為法律中基於性別的差別待遇是善意的、是對女性有益的。所以，我的目標是一步一步讓最高法庭明白——用大法官布倫南（Brennan）的話來說——有些人以為是提高女性地位的措施，其實是限制她們的牢籠。

羅 您現在寫不同意見書的時候，還是秉持這種作法嗎？

金 我寫不同意見書和上訴理由書的心態一樣，都是想說服。有時候你必須強而有力地申明最高法院的決定大錯特錯。

羅 我們來談談您ACLU時期駁倒的法律。您可以為我介紹幾場最重要的勝利嗎？

金 這些案子都牽涉到以「男主外女主內」為前提的法律。維森菲德案也許是最好的例子。原告史蒂芬・維森菲德（Stephen Wiesenfeld）的太太生產時死亡，他想親自照顧剛出生的孩子，所以去申請社會安全保險育兒津貼，以便負擔父子二人的生活。可是這項津貼只給寡婦，不給鰥夫。維森菲德的妻子是職業婦女，她繳的社會安全稅和男人一樣，可是社會安全保險對她的家人保護較少。身為人父的男性配偶權益受損。我們想改變所有以「男主外女主內」這種刻板印象設立的法律。

史蒂芬．維森菲德的妻子是老師。她在懷孕期間身體並沒有異狀，九個月了還能教書。結果她進醫院生了孩子，醫生出來對史蒂芬說：「孩子健康，是男的，但您太太發生血栓，不幸去世。」史蒂芬．維森菲德發誓要好好照顧孩子，在兒子能全天上學之前，他打算兼職工作。於是他去申請社會安全保險育兒津貼。他以為受薪父母若有一方去世，讓活著的配偶必須獨自照顧孩子，就可以申請這份津貼。沒想到他去了社會保險局，得到的答覆是：「抱歉，維森菲德先生，這種津貼是母職津貼，而您不是母親。」重點是：維森菲德太太也付了社會安全稅，可是政府不提供她的家人保障，只提供男主人過世的家庭保障。維森菲德先生的人生伴侶死了，他沒得選擇，只能獨自照顧孩子，可是他沒有得到任何幫助。我們那時著力抨擊「男人不照顧孩子，女人不工作賺錢」這種觀念，好像女人頂多只能賺點小外快似的。

羅　最高法院怎麼裁定？

金　最高法院一致同意這種規定違憲，不過大法官們的理由分三種。有些大法官認為這明顯歧視工作賺錢的女性——維森菲德太太和男性一樣也繳了社會安全稅，可是法律沒有給她相同的保障。有些大法官認為這是歧視為人父者。大法官倫奎斯特的思路又不一樣，他說從孩子的觀點來看，這種規定完全是任意的：為什麼要是雙親之一去世，如果活下來的是媽媽，孩子就有機會受單親照顧，如果活下來的是爸爸，他就沒機會受單親照顧？我們把實際人生的情況帶到大法官們眼前，讓他們看到：他們過去以為對女性有利的制度，其實對她們不利。拿史蒂芬．維森菲德的例子來說好了——怎麼會有那種規定呢？因為大家想當然耳地把女性當照顧者，照顧孩子是她們的事。我們的目標是打破對於男女角色的刻板印象。

羅　您不怎麼欣賞家父長式刻板印象。

金　不欣賞。

羅　為這些案件提訴訟的時候，您面對的是男性法官，他們有很多這種刻板印象。所以您決定代表男性原告，是因為您認為那些法官更能同理和他們一樣的人。

金　其實我為女性原告辯護的次數更多，至少不會比代表男性原告少。我們試著教育最高法院：用一個人是女性或男性來給他們分類，比方說「男人可以當醫生、律師、印地安酋長，女人該打掃屋子、照顧孩子」——這種世界觀是有問題的。這種世界觀把世界當成是男人的，女人沒多少空間，只能縮在自己的小角落。我們的主張是：不要因為一個人是男的或女的，就把刻板印象往他們身上套。也許大多數人的確合乎刻板印象，但也有人不適合這套框架，他們應該能自由選擇、能自由活出自己的人生，不因為他們的性別而受到局限。

羅　您一九六〇年代開始為這些案件上訴時，世界是什麼樣子？

金　當時的情況現在年輕人很難想像。女人那時要不是不被找去當陪審員，就是選到了你又自動辭退。依照當時的法律，「任何一名女性」都可免除陪審責任。看到陪審責任上有這種男女差別待遇，桃樂絲・肯揚決心加以革除。她也找到了完美的案例：何伊特訴佛羅里達州案。

葛文德琳・何伊特是佛羅里達州希爾斯波羅郡（Hillsborough County）人，丈夫個性粗暴又愛拈花惹草。一次大吵之後，她被丈夫羞辱到幾乎崩潰，看到兒子的棒球棍擱在牆角，就拿了起來，使盡全力往她先生頭部揮。他身子一軟，倒在地上。夫妻爭吵結束，謀殺官司開始。

何伊特在佛羅里達州希爾斯波羅郡受審。在那個地方，除非女性自己去找書記官自願當陪審員，否則不會把女性列入陪審員名單。何伊特的想法是：如果陪審團裡有幾名女性，就算她們不判我無罪，至少應該更能體會我的苦衷，判我較輕的非預謀殺人罪，而非謀殺罪。無奈的是，她被完全由男性組成的陪審團判謀殺罪。案子在一九六一年送到聯邦最高法院。大家都說華倫任首席大法官時的最高法院偏向「自由派」，其實不盡然。

羅　華倫法院怎麼看葛文德琳・何伊特這個案子？

金　律師對最高法院提出的主張是：陪審團原本應該具有當地人口的代表性，但何伊特的陪審團不是如此，因為半數人口被排除在外。不過最高法院不接受，他們認為那條法規只是反映女人是家庭的中心而已。

最高法院的回答簡單來說是這樣：「我們不懂這有什麼好上訴的。女人的待遇好到不能再好：想當陪審員就當，不想當就不必當。」你可以想見葛文德琳·何伊特會怎麼想：「那我呢？我被和我處境相似的陪審員審判的權利呢？」這個案子在一九六一年輸了，可是換到一九七〇年代，讓沒那麼自由派的伯格法院來審，八成能輕鬆勝訴。為什麼呢？因為社會變了，因為女人覺醒了，因為這成了世界風潮，聯合國還把一九七五年訂定為國際女性年。七〇年代最高法院對性別歧視案件的裁定，反映的是社會的變化。

羅　請再談談一九六〇年代性別歧視法律的情況。

金　拜民權運動之賜，六〇年代全國各地權利意識蓬勃。可是直到那時，美國最高法院還是不認為基於性別的分類違憲。

在那段沒那麼美好的往日時光，一九四八年的哥塞特訴克里瑞案（*Goesaert v. Cleary*）是我最喜歡的案例之一。那個案子是一個女人開了間小酒館，讓女兒在裡頭當酒保。可是密西根州通過一條法律，禁止女人顧吧檯，除非她們是男性老闆的妻子或女兒。這下可好，按這條法律，這對母女只能轉業。最高法院不太在乎這個案子，劈頭就拿喬叟（Chaucer）筆下的酒館女老闆當例子。最高法院絕口不說女人也有當酒保的本事，反而強調女人需要受到保護。酒館不是什麼正經地方，會出一些亂七八糟的事。

但我們該給密西根州酒精飲料管理單位鼓鼓掌：最高法院裁定那條法律沒問題之後，他們決定不執行它了。所以哥塞特母女可以繼續經營那間酒館。我在法學院讀書的時候，哥塞特訴克里瑞案其實只有小小的一段簡單介紹，而且是當成最高法院不強制約束社會和經濟立法的例子。禁止女性當酒保的法律被說成健康與安全立法，用意是保護女性不受惹是生非的醉漢騷擾。可是最高法院卻沒有停下來想想：那條禁令並不適用於酒吧女侍。如果考慮的是醉漢鬧事，送酒上桌的女人比站在吧檯後的女人危險多了。這是離我們沒有多遠的事。

金 您的第一件最高法院訴訟是？

羅 是莎莉．里德案（編按：亦即里德訴里德案）。她控訴的是指定死者遺產管理人的規定。那條規定說：「若要求管理死者遺產之數人資格相同，男性優先於女性。」莎莉・里德有個十多歲的兒子。她和丈夫離婚後，在孩子還小的時候——法律用語是「年幼」時——監護權是莎莉的。到他青春期的時候，他爸爸說：「他得學著進入男人的世界，所以我要當監護人。」家事法院同意了，莎莉十分鬱悶，因為她認為他爸爸對他會有很壞的影響。」遺憾的是，她想得沒錯。那孩子變得非常憂鬱。他爸爸多的是槍，他拿了一把自盡。

莎莉希望能被指定為兒子的遺產管理人。她圖的不是財物，而是情感上想留個紀念。沒想到那名父親兩週後也提出申請，遺囑檢驗法官說：「莎莉，很抱歉，我別無選擇。法律規定男性優先於女性。」莎莉・里德認為這是不公平待遇。她不是什麼大人物，以在家照顧年老體衰的人為生。可是她相信：遇上不公不義的事，美國法律一定會保障她，還她一個公道。她自費聘請愛荷華州波夕市（Boise）的律師艾倫・德爾（Allen Derr），一路上訴愛荷華州三級法院。她的案子是最高法院相關訴訟的轉捩點，由當事人自己主動提出，不是全國婦女組織（National Organization for Women）或ＡＣＬＵ的試驗訴訟。這代表美國女性開始意識到自己遭受的不平等待遇毫無道理，莎莉・里德也是其中之一。

莎莉．里德的案子獲得大法官們一致支持，她勝訴了。一九七一年的這項裁定，是最高法院第一次因為一條法律任意歧視女性而判它違憲。如我剛才所說，這個案子值得注意的面向之一是：莎莉．里德是一般女性。她自掏腰包上訴，窮盡愛荷華三級法院審判程序。她相信我們的司法體系能維護她的權利，讓她得到公平待遇。全國各地都有這樣的人，不論是六〇年代的民權運動，或是七〇年代捲土重來的女權運動，都有這種相信我們的制度可以糾正不公不義的人。

羅 這說明法院無法獨力造成改變。社會必須先接受新的平等觀念，改變才會發生。

金 對極了，傑夫。里德案是一九七一年末辯論和裁定的，它的理由書的特色之一是：我們也把另外兩名女性列為律師，印在封面。一位是保莉．莫瑞，另一位是桃樂絲．肯揚。她們是長我一輩的女權律師，我們在一九七〇年代講的話，她們在四〇和五〇年代就講過了，但當時的社會還沒準備好，聽不進去。

羅 也請您談談弗朗蒂羅案。

金 弗朗蒂羅自己已經講得很好。莎朗．弗朗蒂羅中尉結婚後去她空軍基地的人事室，想循已婚軍官的前例申請房屋津貼，並且讓她丈夫使用基地醫療服務。但人事室的回答令她難以置信：我不能享有那些福利。為什麼？因為我是女人，而那些福利是給男人的。莎朗認為她身處的制度中不該有這種事，法院一定能矯正她遇上的錯誤。我二〇二〇年八月會和莎朗・弗朗蒂羅碰面——她現在改姓柯恩（Cohen）了——我們要一起參加小組討論，那是紀念第十九修正案[iii]批准慶祝活動的一部分。

羅 那個案子結束後，你們碰過面嗎？

金 有，而且我們三不五時會通信。我們幾年前在北卡羅來納州阿什維爾（Asheville）見過，那次是參加一場討論女權進步的會議，是北卡羅來納、南卡羅來納和喬治亞州的女性律師和法律學者舉辦的。參加的還有史蒂芬・維森菲德，控告海軍不派女性出航海任務的女性也有出席。

羅 聽您談這些案例，會覺得它們對您來說都不是抽象的。您認識案子裡的男男女女，瞭解他們的故事。您投入案件不是為了知性上的好奇心，也不是為了做學問。您是真的關心這些人，在意他們的遭遇。

金　沒錯，而且七〇年代性別歧視案例的特色之一是——它們都不是試驗案件，不是某個帶有特定理念的組織說：「我們想讓最高法院討論這個議題，看看能不能找個案子把它帶進去。」它們是活生生的人的遭遇，是史蒂芬・維森菲德、莎朗・弗朗蒂羅、莎莉・里德這樣的人的親身經歷。

我一直和史蒂芬・維森菲德保持聯絡，很多年前還為他的兒子傑森（Jason）證婚。傑森讀了哥倫比亞法學院，後來又轉換跑道去投資銀行，現在是三個孩子的爸爸。史蒂芬最後找到第二個人生伴侶，我最近才在最高法院為他的第二段婚姻證婚。

iii 編註：美國憲法第十九修正案（Nineteenth Amendment）禁止任何美國公民因性別因素被剝奪選舉權。

CHAPTER

2

婚姻是平等個體的結合

Marriage Between Equals

我的婚禮是請金斯伯格大法官證婚的。二〇一七年秋天舉行婚禮之前，我帶著未婚妻蘿倫（Lauren）到她最高法院的辦公室，讓大法官先認識她一下。蘿倫是文化人類學教授，大法官仔細聽她談她的工作、她對法律的研究，還有烏干達的憲政民主危機。金斯伯格大法官講話時很專注，能談的話題也廣。她說她欣賞南非憲法。二〇一一年阿拉伯之春之後，埃及憲法起草者曾來尋求她的建議，她說南非憲法比美國憲法更值得師法，因為他們明確保障墮胎權和健康照護，也將降低收入不平等寫進了憲法。

談話結束時，她同意在她的辦公室為我們證婚。在我們一個月後回來舉行婚禮之前，她寄給我們她為別的朋友證婚時所使用的婚禮誓詞，說我們準備誓詞時也許會想納入其中某些部分。那些誓詞的開頭都是大法官對婚姻的描述，她說婚姻是平等個體之間的伙伴關係——她與馬蒂·金斯伯格五十六年的婚姻正是如此。

你們深深欣賞對方的天賦與經驗，決定彼此託付。你們已經懂得耐心和好脾氣的重要，也瞭解你們帶給彼此的喜悅難得可貴。願你們的愛讓你們兩位比單身時更有智慧，人生更豐富，也更幸福。

範例誓詞以傳統祝福結尾：「傑佛瑞，你可以親吻新娘了。」

我們把這些建議寫進草稿，再加上我們為婚禮選的詩，寄回去請她過目。金斯伯格大法官的審稿功力和嚴守期限都是出了名的，對於她最高法院同僚的草稿，她校改拼字錯誤和遺詞用字的作風總是嚴謹、精確而有效率。收到我們的草稿幾個鐘頭之後，她就以追蹤修訂改好寄回，結尾的祝福她改成這樣：

傑佛瑞，你可以親吻新娘了。和蘿倫，你們可以擁抱彼此，在你們的婚姻裡給對方第一個吻。

這個更動結合了她對細節的留意，還有她為不斷變動的世界中擴大的性別平等背書的決心。雖然她採用傳統祝福已有幾百次之多，但重看之後，她還是決定做些調整，反映出更平等的風氣。她對修改草稿的重視（最高法院庭期當時才剛開始，她卻幾小時內就改好寄回），不僅展現出她鐵一般的自律，也顯示出她多麼在乎以正確用詞精準傳達她的想法，還有她對朋友、家人、同事和她曾代表的當事人的人生細節的溫暖關切。

在她與馬蒂・金斯伯格多采多姿的婚姻生活裡，這些特點一覽無遺。他們在一九五〇年秋天相識於康乃爾大學（Cornell University）。馬蒂在校園裡見到露絲，說服他的室友（當時正與她的朋友交往）介紹他們認識。由於兩個人都喜歡古典音樂，也都敬佩彼此的才識，他們很快開始相戀。「在我約會過的人裡，他是唯一一個在乎我有腦子的。」露絲後來說：「他聰明得要命。」[1]他們結婚後不久，馬蒂就被徵召入營（當時他剛讀完法學院第一年），派駐到阿拉巴馬州錫爾堡（Fort Sill）教砲兵兩年。一九五五年，他們的女兒珍在那裡出生。十四個月後，馬蒂和露絲一起到哈佛法學院就讀。院長歐文・格里斯沃德在始業式上問她：「為什麼你要來哈佛法學院，占掉一個本來可以給男生的名額呢？」露絲答道，因為瞭解丈夫的工作對妻子很重要。[2]馬蒂畢業後在紐約找到一份工作，露絲跟著到紐約，轉到哥倫比亞大學讀法學院最後一年，畢業時與另一名同學並列第一。他們的兒子詹姆斯（James）在一九六五年出生。馬蒂的稅務律師事業蒸蒸日上，露絲先後在羅格斯大學（Rutgers）和哥倫比亞大學擔任法學教授，同時兼任ACLU女權計畫主持人。由於詹姆斯每次在學校闖禍，老師都撥電話給她，她後來對老師說這個男生有兩個家長，打電話給馬蒂也可以（她說她對老師這麼講之後來電次數驟減，每學期頂多一次）。學校不怕打擾女性上班，但卻不敢打斷男性工作。

從律師到大法官，金斯伯格始終堅持：只有男女雙方對養育子女負起同等責任，兩性之間才可能真正平等。她早在一九七二年就寫道：「養孩子和生孩子不同，不涉及專屬一個性別的生理特質。」她在那篇文章提到瑞典家庭政策委員會（Commission on Family Policy）近來提議修法，將目前給職業婦女的六個月「產假」，改成父母任何一方可以休八個月假，或是兩方一起分這八個月的假。[3]

我有幸與他們兩位相識多年，看到他們始終如此相愛，總令我嘖嘖稱奇。馬蒂是個出奇幽默的人，永遠能讓露絲和他身邊的每一個人開懷大笑。他最喜歡玩的哏是他和妻子的人氣，總愛開玩笑說自己其實和妻子一樣有名。舉例來說，他對孫子女說美國國會大廈頂上的銅像是他；有一次，歌劇院裡的觀眾為露絲起立鼓掌，他低聲說他還真不知道今晚會遇上這種場面，居然有這麼多稅務律師跑來這裡為他喝采。

一九九五年，在一場「論大法官配偶生存之道」的演講裡，馬蒂開玩笑說：「因為我只有二十四個月的經驗，我只能告訴各位：身為大法官的另一半，唯一的責任就是別在公眾面前幹蠢事——做到這點未必簡單。」他接著拿出他為妻子寫的萬用回函。不管別人提出什麼請求，他說，這封回函統統可以應付。

為了讓大法官不被雜事淹沒，我們已盡力向您說明她何以無法悉聽尊便。請參照以下主題，找出最符合您的需求的段落。

最滿意的食譜。二十多年前，大法官已被她的吃貨子女逐出廚房，從此不再下廚。而她從年輕時就精通的一道菜——鮪魚燉菜——沒人愛吃。

索取相片。對於索取相片的大量來信，金斯伯格大法官受寵若驚，事實上，她深感詫異。有鑑於她今年已六十有二，不提供相片殊為合理。

我們是親戚嗎？大法官的父母分別姓拜德和安斯特（Amster）。姓拜德和安斯特的寫作者很多，他們為這兩個姓的起源和移民史提供了不少細節。雖然這些資訊確實引人入勝，但您與大法官之間應該不存在任何合理程度的血緣關係。

馬蒂整封信都是這種風格，他最後總結：「致露絲的祕書：別甩這封信——不意外吧？有趣的是，他們後來都知道怎麼應付了。」[4]

我最後一次見到馬蒂是在華盛頓歌劇院，那是二〇〇八年他癌症復發後不久。他風趣如常，說了一句好笑無比的俏皮話，大法官和我都捧腹大笑（真希望我想得起來他當時講了什麼）。二〇一〇年六月，馬蒂知道自己的癌症無法以手術治療之後，他寫了這封至情至性的情書給露絲：

我最親愛的露絲：

你是我一生唯一摯愛。除你以外，我只這樣愛過爸媽、孩子和他們的孩子。幾乎從我們在康乃爾第一次相見開始，我就一直敬佩你，愛你……

我何其有幸，能看著你登上法律界的最高峰。

我想，我會在約翰．霍普金斯醫療中心（JH Medical Center）待到六月二十五日星期五，從現在到那天，我會好好想想我剩下的健康與生命，仔細評估是該奮力一搏，還是該放下人生，畢竟生活品質現在已消失殆盡。

我希望你支持我的決定，雖然我知道你也許不願支持。無論如何，我對你的愛絲毫不減。

馬蒂[5]

六月二十七日，接下來的那個星期天，他在家中過世。金斯伯格大法官隔天就回最高法院上班，投入那個庭期最後一週的工作。沒過幾週，她就在亞斯本思想節（Aspen Ideas Festival）講臺上接受我的訪問。孫子保羅陪著她來，坐在前排。

❖ ❖ ❖

羅森　您能前來實在非常堅強。您剛失去您深愛的馬蒂，我們的朋友，我想代表這裡的每一個人向您致哀。我大約二十年前認識兩位，您一定知道他給了我和認識他的每一個人多少啟發。他是模範丈夫，是夫妻平等真正的榜樣。他多才多藝，廚藝尤其得心應手，做的甜點和菜餚都令人驚豔。在男人帶孩子還不成風氣的時代，他就一起負起養育子女的責任。他極為風趣，只要和他在一起，他總能讓您開懷大笑。最重要的是，您們兩位如此相愛，夫妻之情溢於言表，光是待在您們身邊都覺得快樂。大家都想知道婚姻這麼幸福的祕密。您願意和大家分享一些嗎？

金斯伯格　我和馬蒂一起度過五十六年的幸福時光。我被提名後不久，有記者問我女兒我們家的家務分工：「可以談談你們家的家庭生活嗎？」她說：「喔，我爸負責做飯，我媽負責思考。」才不是那麼回事呢，馬蒂是我認識最聰明的人了。馬蒂的廚藝讓兩個女人受惠——一個是他媽媽，另一個是他太太。

羅　現在這個時代充滿焦慮，政治立場也愈來愈兩極化。不論是男性或女性，大家都想知道怎麼彼此互動。您有什麼建議嗎？想文明互動該怎麼做？您為很多新人證婚過，您給他們的建議很深刻，也很有智慧。我很希望您能與大家分享。請談談您對他們講了什麼。

金　我的婆婆，馬蒂的媽媽，是個非常好的人。我們的婚禮是在我先生家裡辦的。典禮開始之前，我婆婆把我帶到一邊，說：「我要告訴你婚姻幸福的祕密。」

「嗯，我很想知道。」

她說：「親愛的，婚姻要幸福，有時候得裝聾作啞。」

我不只把這個忠告用在五十六年的婚姻裡，也把它用在職場，直到今天都是這樣。如果有人講了什麼不好聽的話，置之不理就是了。

羅　生氣時別衝動回擊，永遠要保持平靜，別人使性子時別跟著起舞。我覺得這是很重要的一課。

金　是啊，憤怒、懊悔和嫉妒這些情緒一點用也沒有，完全不能成事，你一定要控制好它們。我即使還是火爆女權律師的時候，也不會回提問不當的法官說：「臭沙豬。」

講個例子給你聽。我有一次在紐澤西州特倫頓（Trenton）為人辯護，是個三法官聯邦地區法庭。其中一個說：「我覺得女人現在過得不錯啊，不管在哪裡都機會平等。連在軍隊都機會平等。」

我回答：「庭上，飛行訓練不對女性開放。」

他是這樣回的：「唉，少來了，女人不成天活在空中樓閣嗎？我看我太太和女兒就知道了。」

我怎麼回？我說：「我倒是遇過一些不好好腳踏實地的男人。」

現在很少聽到這種話了。可是在七〇年代，雖然法官們知道開種族主義玩笑不妥，拿女人耍嘴皮子還是很常見。

羅　您與馬蒂第一次見面時，他哪個方面吸引您？

金　珊卓拉．戴．歐康諾有談過那段日子的風氣。馬蒂非常特別，他是我遇過第一個在乎我有沒有腦袋的男生。而且他一直覺得我比我自己以為的更好。

我想說的是：這才是大丈夫——對了，他在軍隊待過兩年，所以他法學院讀完第一年就休學。兩年後我們才一起回到學校，他念二年級，我念一年級。那時珍已經出生。我開始讀法學院時，珍十四個月大。那時的法學院院長是歐文．

格里斯沃德，你們很多人都知道他。他是了不起的法學院院長，也是了不起的訟務總長（solicitor general），可是他每次在社交場合向人介紹我，總是說我和馬蒂是在法學院認識的，還有馬蒂高我一個年級，所以我第三年轉去哥倫比亞法學院。有一天我終於對他說：「格里斯沃德院長，您這樣說讓我很尷尬。因為我從法學院畢業的時候珍都四歲了。」對他來說，讀哈佛法學院和當媽媽這兩件事搭不到一起。我進哈佛那年，全班女生只有九個，男生有五百多個。不過這已經比馬蒂當年那一班進步很多，他班上是五個女生，五百多個男生。接受法學院嚴格訓練的同時還帶孩子？這兩件事在院長的腦袋裡連不到一起。

羅 這些的確都是性別平等的核心問題。我還想到另一件與這有關的事：您辦公室裡有一張照片——至少幾年前有——是您女婿抱著您的孫子。

金 那是我孫子保羅兩個月大的時候，在床上和他爸爸一塊兒。那是我的理想：孩子應該有兩個關心他的家長，如果每個孩子都能在父母照顧下長大，兩個人都愛他、關心他，我們的世界一定能變得更好。

羅 您有一次和我講到那張照片，說：「那是我對未來的期望。」[i] 我一開始沒意會過來，以為是閒話家常。後來才想到您的意思是說：您對未來的期望是男女擔起同等的育兒責任，這樣兩性才真正平等。

金 沒錯。那張照片是我女兒拍的。父親對孩子的愛溢於言表。我把它放在辦公室裡最顯眼的地方。

羅 談到男女擔起同等養育之責，您認為我們現在做的比十年、二十年前好嗎？

金 我覺得現在比以前好得多。我在哥倫比亞法學院讀到最後一年的時候，我女兒才三、四歲。整區只有一間托兒所，而且只有九點到（中午）十二點和（下午）兩點到五點能托。等到我女兒當上媽媽、同時在哥倫比亞法學院教書的時候，那一區已經有超過二十家全日托嬰中心。我有幾個法律助理請過育嬰假，男助理喔。這比以前普遍多了。

我進最高法院第一年，請了一位曾在哥倫比亞特區聯邦巡迴法院與我共事的法律助理，他的應徵信非常吸引我。為什麼呢？因為他說他太太是經濟學家，在世界銀行（World Bank）有份不錯的工作，所以他選擇讀喬治城大學法學院夜間部。他還有另一點讓我很感興趣：他交了一份法學院一年級的寫作練習給我，主題是華格納（Wagner）《指環》（*Ring Cycle*）中的契約理論。

這已經是一九九三、九四年的事了。我當時去問首席大法官：法律助理能不能在家上班，用（法律檢索系統）威斯特洛（Westlaw）和萊克希斯（Lexis）完成工作？首席大法官倫奎斯特說不行，法律助理應該進辦公室，該待多久就待多久。結果第二年，所有法律助理都能用威斯特洛和萊克希斯在家上班了。

羅 對於男女共同承擔育兒責任的理想，您有多樂觀呢？漢娜・羅辛（Hanna Rosin）為《大西洋》雜誌（*Atlantic*）寫過一篇封面報導，題目是「男性末日」（The End of Men）。[6]她指出，今日最受重視的特質——像社交智慧、開放式溝通和專注能力——都不是男性的強項。她還提到在二〇〇九年，冰島選出「世界第一位出櫃女同志為國家領袖。她在選戰中將矛頭指向男性菁英，批判他們破壞國家銀行系統，矢言『終結睪固酮時代』」。回過頭看，您已成功說服最高法院逐步接

i 譯註：在〈序言〉中說的是「對未來的夢」。作者在引述RBG的對話時常有落差，如實照錄。

受性別平等。對於女性即將超越男性，還有男性即將開始承擔照護孩子的責任，您像漢娜．羅辛一樣樂觀嗎？

金　我認為男性和女性並肩合作，能讓世界變得更好。我不認為男性比女性優越，同樣的，我也不認為女性高男性一等。我覺得，我們開始懂得把每一個人的天賦運用在各行各業，不再像以前那樣拒人於千里之外，是很不錯的改變。

羅　您對女性的成就滿意嗎？因為我在這篇文章看到一些似乎矛盾的統計數字：它說大學畢業生有百分之六十是女性，有碩士學位的也有百分之六十是女性，可是《財富》（*Fortune*）雜誌前五百名CEO只有百分之三是女性。我們是不是還有一段路要走？

金　我們當然要繼續努力，但我們也進步很多了。進步是緩慢的，我們要有耐心。我還記得我第一次聽說瑞典育嬰假規定的事。他們這方面走在我們前面。有人說：「可是請育嬰假的男性也只有百分之十。」我說：「百分之十總好過百分之二。」老實說，這已經比我原先預期的多了。我認為今天的風氣，就是這樣一點一滴形塑出來的。現在有愈來愈多的男性分享養育下一代的喜悅，也分擔照顧孩子的辛勞，但這需要時間。在我還是火爆女性主義者的日子裡，我發現和某個年齡層的男性溝通的最好辦法，就是請他們想想自己的女兒，想想他們希望自己的女兒活在什麼樣的世界。

羅　風氣確實在變。漢娜．羅辛說，以前女性當了媽媽之後多半淡出職場，以家庭為重；如今在夫妻都有大學學歷的家庭裡，家裡如果多了新成員，男女雙方都會設法彈性上班。彈性上班現在成了頗受重視的員工福利，對男女雙方都有吸引力。

金　可以想見，彈性上班在電子時代比以前容易得多。你只要在家動動指頭，就能查閱一整座法律圖書館。

二〇一三年九月，我在國家憲法中心再次訪問金斯伯格大法官。她提到她前一個星期主持的一場婚禮。

羅　您最近在華府主持了一場歷史性婚禮——史上第一場由美國最高法院大法官主

持的同性婚禮。請與我們談談好嗎？

金　沒問題。那場婚禮的主角是甘迺迪中心（Kennedy Center）主任麥可・凱澤（Michael Kaiser）和他的長年伴侶——很巧，他和我們的首席大法官同名，也叫約翰・羅伯茲。婚禮簡單隆重。對我來說，婚禮的高潮是哈洛琳・布萊克威爾（Harolyn Blackwell）唱〈你是安寧〉（Du bist die Ruh），美極了。雙方都有很多家人參加，羅伯茲家來了很多人，凱澤家也來了很多人。兩個深愛彼此的人，終於能為一起共度的人生建立法律關係，我想這是這場婚禮的意義。

羅　以大法官的身分主持這場婚禮，您有什麼感受？您認為這對美國的意義是什麼？

金　我認為這再一次呈現了我們憲法的卓越之處。問你一個問題：我們憲法剛完成的時候，哪些人算「我們人民」？答案是：算得上的人並不多。我顯然不算，奴隸顯然也不算，甚至連大多數男性都不算——你必須有財產才算。兩百多年後的現在，請想想我們的憲法和國家發生多少改變。擁抱「我們人民」這個概念的人愈來愈多。一開始的時候，奴隸、女性、美洲原住民都被排除在外，不算

「我們人民」。但透過憲法修正案和法律解釋，這個概念變得愈來愈包容。拿內戰來說，內戰之後就加了三條修正案。有個概念從一開始就存在：平等。可是，雖然平等是〈獨立宣言〉（Declaration of Independence）的主要主題，但你找遍憲法每一條條文，憲法原文裡並沒有「平等」這個詞，這個詞是透過第十四修正案成為憲法的一部分的。在我看來，這是我們憲法和我們社會卓越的地方——看我們比一開始包容了多少！

CHAPTER

3

羅訴韋德案

Roe

露絲・拜德・金斯伯格被提名大法官的時候，她在憲法紀錄上最有爭議的部分，是她曾批評羅訴韋德案的法律推理。她認為羅案裁定得太寬，結果是輿論跟不上法庭的腳步。有些女性團體因此反對提名她。金斯伯格的看法是：一九七三年審理羅案的時候，最高法院如果單單宣告引起爭議的德州法律失效，抗拒為墮胎設下全國性框架的誘惑，這個案子引發的反彈或許可以比較小，也能讓愈來愈多的州立法機關自行認可生育選擇權。

一九九〇年代不滿金斯伯格的女性主義者忽略的是：她之所以提出批評，其實是想為生育選擇權奠定更堅實的憲法基礎，讓生育選擇權植根於女性平等權，而非隱私權。一九七〇年代擔任律師期間，金斯伯格始終秉持這個論點，一直主張：在反對墮胎限制時，最好的切入點不是論證它們干預女性和她們的男醫生之間的決定，侵犯隱私權；而是指出這些限制限縮了女性界定自身人生選擇的能力，把不會強加給男性的負擔強加在女性身上，侵犯了女性在憲法上的平等權。金斯伯格認為，如果羅訴韋德案的裁定依據的是憲法的平等保護條款，而非正當法律程序條款，它的憲法基礎會更穩固。

事後證明，金斯伯格的質疑確實有遠見。在一九九二年六月的計劃生育聯盟訴凱西案（*Planned Parenthood v. Casey*）中，最高法院的意見書讓自由派和保守派同樣吃驚：雖然它還是支持羅案的裁定，但也默認墮胎限制的確與女性平等權有關，不只牽涉到隱私權而已。

凱西案裁定幾個月後，金斯伯格在紐約大學法學院麥迪遜講座發表演講：「以司法之聲發言」（Speaking in a Judicial Voice）（就是因為這次演講，柯林頓總統對莫尼漢參議員說他擔心「女人反對」提名金斯伯格為大法官）。她在演講中讚美安東尼・甘迺迪（Anthony Kennedy）、珊卓拉・戴・歐康諾和大衛・蘇特等三位大法官，因為在凱西案的意見書中，他們承認：女性「控制（自身）是否繁衍生命的能力」，與她們「平等參與我國經濟與社會生活的能力」關係密切。金斯伯格也提到，羅案不太凸顯女性平等，它的策略是「把懷孕女性的權利和她們的醫生自由執行醫療判斷的權利結合起來」。她認為，如果羅案的裁定把焦點更精確集中於女性平等，它引發的爭議應該比較小。

在那次演講中，金斯伯格還批評羅案的意見書有欠謹慎，「令人詫異」。大法官們急著為整個國家掃除相關規定，而不願止於推翻造成爭議的德州墮胎禁令（該法規只允許為採取挽救生命之醫療措施而墮胎），並邀請州立法機關對話。「試想，如果最高法院止步於此，正確地宣告這個國家最極端的法律違憲，而非像審理羅案的最高法院那樣繼續推進，試圖塑造一個能一次打包整個墮胎議題的體制，樹立一套幾乎取代所有州法的規則，」金斯伯格說：「羅案的涵蓋範圍如果小一些，如果只宣告那條極端的德州州法無效，便不再推進……也許當時本來能減少爭議，而不是引起軒然大波。」[1]羅案不僅催化反墮胎運動，還激起立法反彈。相較之下，金斯伯格一九七〇年代提的性別平等訴訟，不但開啟與州立法機關的對話，也鼓勵他們慢慢轉往較自由的立場。金斯伯格對照這兩種策略，說：「一九七〇年後，大多數性別分類訴訟與羅案不同，最高法院……透過更溫和的裁定認可改變方向，不貿然躁進，不挑起爭議。羅案卻不是這樣，它阻止了正在轉往改革方向的政治過程。所以在我看來，羅案延長了爭議，並使得這個議題穩定解決的時間往後推遲。」[2]

金斯伯格批評羅案的理由，可以從她一九七〇年代的一件訴訟看出。在一九七二年的史特拉克訴國防部長案（*Struck v. Secretary of Defense*）中，金斯伯格首次言明她的見解：因懷孕而設的「不利待遇」（disadvantageous treatment）等於性別歧視。金斯伯格挑戰的規定是：女性空軍人員只要懷孕，就必須退伍。金斯伯格說，這條規定對懷孕人員的處置，遠比對其他暫時失能的男性和女性嚴苛，構成違憲之性別歧視。由於這個案子變得極端，金斯伯格無法說服最高法院接受她的觀點，但她已播下種子。

雖然金斯伯格批評羅案將戰場開得太大，但她從未公開質疑隱私權本身的憲法基礎。在史特拉克案理由書中，她寫道：「與生育和親密私人關係有關的個人隱私，是牢牢植根於我國傳統與最高法院判例的權利。」此外，雖然她批評羅案過度擴張，可是她為墮胎權另外尋找的基礎，涵蓋面可能更廣。在一九八四年於北卡羅來納大學的演講中，她明確主張政府有補助貧窮女性墮胎的作為義務（affirmative duty）。她認為：被稱為「海德修正案」（Hyde Amendment）的聯邦法，雖然在一九八〇年被最高法院裁定合憲，但它侵犯了貧窮女性的平等權，因為它規定除了墮胎之外，政府可補助所有醫療上必要之處置。「如果政府承認女性（對生育選擇）的平等面向，」她總結道：「多數人或許能看出公共救助案的問題——用史蒂文斯大法官的話來說——政府違反其『公正治理的責任』。」[3]

金斯伯格的核心前提是：反墮胎法和針對懷孕女性的就業歧視一樣，都是基於「女人便該是照顧者」的「刻板假設」。今天，支持生育自主的學者、律師和數以百萬的年輕女性，都已接受生育選擇權最合理的憲法基礎不是隱私權，而是金斯伯格強調的平等權。

此外，金斯伯格對最高法院會漸漸捨棄羅案裁定的預測，已經證明是準確的。正如她在麥迪遜講座中所說：「經驗告訴我們，規則修得太快，恐怕難以穩定。」[4]第一個倒退的跡象出現在二〇〇七年：在岡薩雷斯訴卡哈特案（*Gonzales v. Carhart*）中，最高法院以五比四票駁回上訴，裁定二〇〇三年聯邦政府對「部分生產式墮胎法」（partial-birth abortions）的禁令合憲。主要意見書由甘迺迪大法官主筆。金斯伯格的不同意見書義憤填膺，除了直指甘迺迪的裁定「令人震驚」之外，更特別批評他說「墮胎女性可能後悔」是「自明之理」，她寫道：「這種思維方式所反映的是早已名聲掃地的觀念，對於女性在家庭及憲法下的地位之認知顯已過時。」她一直對甘迺迪這一票耿耿於懷。二〇一一年，我在《新共和》上說甘迺迪「在限制墮胎和同志權利的法律上，與自由派站在同一陣線」，她寫信向我抗議：「關於同志權利的部分，你或許說得沒錯（目前為止是如此），但岡薩雷斯訴卡哈特案怎麼說？更早之前的斯坦伯訴卡哈特案（*Stenberg v. Carhart*）又怎麼說？」（在斯坦伯案中，最高法院以五比四票裁定州政府的部分生產式墮胎禁令違憲，甘迺迪持不同意見）。不過，涉及墮胎的案件中如有可能找出共識，金斯伯格也樂意支持。例如在二〇一四年的麥卡倫訴科克利案（*McCullen v. Coakley*）中，引起爭議的是麻薩諸塞州（Massachusetts）在墮胎診所周圍劃三十五呎（將近十一公尺）的緩衝區，最高法院一致裁定違憲，金斯伯格也加入主要意見書。裁定理由是：以這種方式限制墮胎抗議，違反了第一修正案所保障的抗議者權利。

在我們的對話中，我多次詢問金斯伯格大法官她認不認為羅案會被推翻？二〇〇六年歐康諾大法官退休後，她說過很多次她擔心羅案會遭縮限，屆時最受影響的將是住在墮胎權原已受限地區的貧窮女性。可是到二〇一八年，甘迺迪大法官退休一個月後，她對我說她「雖有疑慮，但有信心」（skeptically hopeful）最高法院不會隨意推翻指標判例，羅案對懷孕初期生育選擇的保障應該能保留下來。

❖ ❖ ❖

羅森　羅訴韋德案會被推翻嗎？

金斯伯格　審凱西案的時候，最高法院其實有機會推翻它。但歐康諾、甘迺迪和蘇特三位大法官強烈主張：羅訴韋德案從一九七三年起就是這個國家的規則，我們應該尊重判例，不應推翻羅訴韋德案。如果最高法院繼續堅持這個立場，就不會推翻那個案子，不論民主黨當總統還是共和黨當總統都一樣。

羅　如果羅案被推翻，後果會有多糟？

金　不富裕的女性會首當其衝。我們設想一下最糟的情況：羅訴韋德案被推翻了，但很多州不想走回頭路。不論國會或州立法機關怎麼做，一定會有別的州繼續提供墮胎。所以只要女人負擔得起，她們就能去別的地方墮胎。結果就是：受影響的只有負擔不起的女性。

羅訴韋德案是一九七三年裁定的。兩個世代的女性從小就知道她們可以掌握自己的生育能力，自己的人生自己作主。我們再也不會走回老路。羅訴韋德案在當時其實爭議沒那麼大，最高法院是以七比二票裁定的，只有兩名大法官反對。即使在羅訴韋德案的時代，還是有四個州能夠讓有意墮胎的女人安全、合法地墮胎，至少在第一孕期可以。而如今，繼續許可墮胎的州遠超過四個。換句話說，只要一個女人負擔得起旅行、搭飛機、坐火車到提供墮胎的州，就不會有無法墮胎的問題。你不必千里迢迢跑去日本或古巴，只要有辦法從一個州到另一個州，就能安全墮胎。所以，不論州立法機關怎麼做，不論最高法院怎麼判，受苦的只有窮人——只有貧窮的女人。我覺得大家如果瞭解這點，看法會不一樣。

羅　支持生育自主權的人，如何確保貧窮女性的生育選擇權得到保障？可以信任立法機關嗎？還是法院必須保持警覺？

金　看看有些州對墮胎設下的限制，我們怎麼信得過立法機關？想想德州那條法律，那根本是要大多數診所關門。法院也不能信任。看看（岡薩雷斯訴）卡哈特案是怎麼裁定的，再想想那兩個把墮胎排除在聯邦醫療補助（Medicaid）之外的裁定。我不認為這是法院和立法機關對立的問題。在我看來，法院和立法機關都在往錯的方向走，它會需要關心貧窮女性的人來做事。既諷刺又悲哀的是，有辦法的女人一定能在美國某個地方安全墮胎，但沒辦法遠行和請假的女人不行。現在關心貧窮女性墮胎受限的人還不夠多。

金　該怎麼讓這樣的人變多呢？

羅　首先，人權團體的倡議能造成很大的不同。一九八〇年代的時候，我有一次在杜克大學（Duke）演講，不是專談墮胎，而是女性該有平等機會發揮天賦，不受人為障礙阻撓。到了提問階段，有位非裔美國男性說：「我們都知道你們這些白人女人打的是什麼主意，你們就是要殺光黑人寶寶。」對生育選擇運動，非裔美籍族群當時有人是這樣看的。所以我想，如果民權團體能從旁施力，說明非裔美籍女性沒有選擇所造成的衝擊，會對事情很有幫助。這樣做會有用的。說到底，大家必須自己組織起來。想想《懷孕歧視法》（Pregnancy Discrimination Act）的例子。最高法院本來說基於懷孕的歧視不是性別歧視，結果大家組成聯盟，團結起來讓它通過。雖然是ACLU在主導，但每個人都有出力。必須從人民開始，立法機關沒有驅策是不會行動的。

羅　讓我換個方式來問同樣的問題：最高法院在羅案中犯了什麼錯？它能如何避免在別的案子裡犯那種錯？

金　德州那條法律是我們國家的法律裡最極端的：不管懷孕會不會毀了一個女人的健康，也不管她是不是被強暴或是血親性交成孕，只要不是救命所需，就不能墮胎。於是那個案子送到最高法院，最高法院本來也能只說這太過極端，完全漠視女性的自由權，所以違憲，句點。知名憲法學者保羅．佛洛伊德（Paul Freund）被問到他怎麼看羅訴韋德案裁定的時候，他說那就像老奶奶想對朋友炫耀她的孫子，問他說：「你知道『香蕉』（banana）怎麼拼嗎？」那孩子說：「知道。我知道頭怎麼起，只是不知道尾巴該收在哪裡。」

在羅訴韋德案那時，全國各州的立法機關都得處理這個議題。生育自主那方有時候贏，有時候輸，但他們一直在組織，也一直累積政治經驗。結果最高法院裁定一出，全國相關法令一下子全部違憲，連最自由的也不例外。贏的那方覺得：「太棒了！我們成功了！最高法院支持我們。」然後呢？然後反對方大舉反撲，而且他們現在不跟你一州一州打壕溝戰、千方百計保留限制墮胎的法律了，他們有了明確的攻擊目標：最高法院的非民選大法官。他們說：這件事應該由民選代議士決定才對，不該交給九個老男人——那時候的最高法院確實是這種組合。

法律並非一成不變。包括我的家鄉紐約州在內，當時有好幾個州允許女性在第一孕期墮胎，過程安全，也不會多問。有四個州是這種立場，其他的州允許在危及女性健康、強暴和亂倫的情況下墮胎。法律在變，我認為繼續這樣改變比較健康。最高法院宣告最極端的法律無效，各州會跟著回應。最高法院通常不會大刀闊斧推動變革，而是循序漸進。羅訴韋德案是這種審慎運作的一大例外。

羅　您曾批評最高法院處理羅案時走得太快，把輿論甩在後面。

金　最高法院是回應機關。人民送爭議來，你回應。我想我應該先說清楚：我認為羅訴韋德案的結果絕對正確。德州那條法律是美國最極端的，最高法院原本可以只就那個案例做出裁定，最高法院的作法通常也是如此。它應該只宣告德州那條法律違憲，不必宣告全國所有提到墮胎的法律統統違憲，連最自由的都跟著遭殃。最高法院通常不會這樣做事，不會一下子跨這麼一大步。

我知道很多人認為我對這件事的判斷是錯的，我也知道反墮胎運動在羅案之前很久就很強大，後來也強大依然。可是他們現在多了一個羅訴韋德案之前沒有的靶。

我對它還有另一個面向的批評：讀羅訴韋德案意見書的時候，你會覺得它主要在談醫生的權利——醫生依他判斷的病人需求決定處置方式的權利。它所呈現的圖像是醫生和一個小女人——永遠不是女人單獨一個人，永遠都是女人在請教醫生的意見。我認為證成生育選擇權的不是隱私權，也不是醫生權利，而是女性掌握自身命運的權利，能自己做選擇、沒有一個老大哥國家告訴她什麼能做、什麼不能做的權利。

羅　這是您對性別平等法理的偉大貢獻。照您的看法，最高法院有朝一日會不會終於改變態度，承認墮胎權牽涉的是性別歧視問題？

金　我覺得在凱西案裡已經看得到這種轉變。審那個案子的時候，最高法院其實有機會推翻羅訴韋德案，但它說：「不，幾十年下來，大家已經知道——女性都已經知道——如果她們需要墮胎，她們可以墮胎。」是否墮胎應由女性選擇，凱西案的裁定健康地融入了這個觀念。

羅　在您對岡薩雷斯訴卡哈特案的不同意見書裡，您批判最高法院從凱西案承認的平等原則後退。

金　那個案子爭的是部分生產式墮胎法。最高法院的態度讓我擔心的是：他們沒真正地把女性視為成年個體。意見書說女性會為自己的選擇後悔。那根本不是最高法院該說或該思考的事。成年女性為自己的人生作決定的能力，一點也不比男人低。所以，是的，我認為最高法院在卡哈特案中越界了。那等於是換個方式說：「女人脆弱又不成熟，老大哥必須保護她們，別讓她們被自己的誤判害了。」

羅　所以您反對的是多數意見的家父長心態，覺得女人可能會改變想法，也可能會為自己的選擇後悔，所以應該保護女人，免得她們被自己的選擇傷害。

金　沒錯，就是這種覺得必須保護女人不被自己的誤判傷害的心態，就是這種認為女人遲早會發現自己犯下大錯的心態。成年人本來就會犯錯。她們已經是成年人了，有資格為自己做決定。

羅　我也想談談麥卡倫訴科克利案，它牽涉到的是第一修正案和墮胎診所。最高法院似乎意見一致，但您說過，有些看似意見一致的案子背後其實歧見很深。麥卡倫案是這樣嗎？

金　那個案子的起因是麻薩諸塞州想管制墮胎診所的示威者。州議會通過一條法律，要求在墮胎診所周圍劃定三十五呎的緩衝區，不准示威者越界。提出上訴的是一群自稱輔導員的女性，她們說：我們既不扔石頭，也不大吼大叫，只是想在那些打算墮胎的人進診所之前和她們談談，跟她們說還有別條路可走。可是三十五呎緩衝區一劃，我們連接近她們都沒辦法。最高法院曾經做出一項重要裁定，大意是如果某種言論讓他人陷入危險，州可以對該言論設限。所以，麻州的確可以對行為激烈的示威者採取措施，以保護想進診所的人。問題出在麻州做得太過火——紀錄顯示，有些墮胎診所根本沒遇過示威者。示威者多半是去波士頓的診所，而且多半是星期六去。所以最高法院說：沒錯，你們是能設些限制保護想進診所的人，可是不能做過頭，變成阻擋本案原告那樣的人。換句話說，最高法院的指示是：麻州，重新想想你們的法律，提出一個限制放寬一點的規定，而非每間診所每天都要有三十五呎緩衝區。

邁出第一步時，最高法院意見很分歧。必須回答的第一個問題是：能不能立法限制妨礙別人進入診所的人？最高法院在這裡出現歧見，但最後答案是：可以。這個問題非常重要，因為它意味的是：如果立法機關想透過法律保障進入診所的權利，只要規定合理，不要過度，這樣做是沒問題的。這是那個案子的主要訊息。

在安東尼・甘迺迪大法官退休、布萊特・卡瓦諾（Brett Kavanaugh）大法官補上他的位子之後，我又一次詢問金斯伯格大法官：您是否認為羅訴韋德案會被推翻？[i]

i 譯註：卡瓦諾大法官屬保守派，所以作者有此一問。詳見第十三章。

羅　我們去年對談的時候，您說您雖有疑慮，但有信心羅案不會被推翻。

金　我現在的想法還是一樣。我之所以抱有信心的一個原因，是我想到老首席大法官（按：威廉．倫奎斯特）的事。在我們遇到「該不該推翻米蘭達案（*Miranda*）[ii]判決」這個問題的時候，雖然我都不知道聽他批判那個判決多少次了，他還是反對推翻。另外，倫奎斯特大法官還裁定《家庭與醫療假法》（Family and Medical Leave Act）合憲。對一個從七〇年代就開始當大法官的人來說，你不會想到他會做出如此的裁定。[iii]羅伯茲（譯按：現任首席大法官）當過倫奎斯特的法律助理。

羅　您認為卡瓦諾大法官的投票傾向會和甘迺迪一樣嗎？

金　對某些引發爭議的議題，可能不會。

羅　所以還是要看首席大法官，畢竟他是最高法院的核心。

金　卡瓦諾當過甘迺迪的法律助理，我想那是我進最高法院第一年的事。

羅　對於新的胎兒生命法，您怎麼看？它宣稱生命起於受孕之時，咸信是為了挑戰羅案。

金　有些州是用心跳當標準，只要醫生聽得見胎兒心跳，就不能墮胎。胎兒心跳大約是懷孕六週時出現，但有些女性甚至到了那時候都不知道自己懷孕了。無論如何，最後都得回答同樣的問題。即使最糟的情況出現——羅案被推翻——有辦法的女人還是能到美國某個地方安全墮胎，因為有些州一定不會走回頭路，讓女人只能偷偷尋求不安全的非法墮胎。結果就是：貧窮的女人沒得選擇，有辦法的女人則可以為自己做決定。這樣的國家政策合理嗎？

ii　編註：米蘭達訴亞利桑那州案（*Miranda v. Arizona*）是最高法院於一九六六年審理，最終以五比四作出判決的一個里程碑案件。在此判決中，最高法院規定在實施逮捕和審訊嫌犯時，警方必須及時提醒被告以下事項：（1）嫌犯有權保持沉默，拒絕回答警方所提出之問題；（2）如果嫌犯回答了警方的問題，這些供詞將會用於起訴和審判他們；（3）嫌犯可要求聘請律師，並可要求審問時有律師在場，給予幫助；（4）若嫌犯請不起律師，法庭將免費為其指派。

iii　譯註：詳見第七章和第十二章。

CHAPTER

4

權利法案與平等保護
The Bill of Rights and Equal Protection

露絲・拜德・金斯伯格對公民權利與公民自由的熱情，在她讀康乃爾大學時便已萌芽。在一九五〇到五一年的麥卡錫時代高峰，康乃爾大學有兩名教授遭控親共，被傳喚到眾議院非美活動調查委員會（House Un-American Activities Committee）作證。金斯伯格常與她的政府學教授羅伯・庫許曼（Robert E. Cushman）討論聽證內容，庫許曼也邀她擔任自己的研究助理。他們還一起在圖書館策展，陳列每個時代被燒毀的書籍，把麥卡錫等人認定對國家不忠的書也放進來。[1]在米爾頓・康維茲（Milton Konvitz）所教授的「美國理想」（American Ideals）課堂上，金斯伯格聽他暢談美國憲法的哲學基礎，變得更加欽佩捍衛公民自由的律師。康維茲曾在美國全國有色人種協進會法律辯護基金會工作，擔任瑟古德・馬歇爾的副手，處理警察暴力案件。庫許曼啟發金斯伯格進入法學院就讀；在她成為律師之後，馬歇爾的訴訟策略也成為她師法的典範。

我問金斯伯格她最滿意的主要意見書是哪幾份的時候，不令人意外的，她提到一九九六年的維吉尼亞軍校案（*Virginia Military Institute case*）。在這個案件中，最高法院宣告該校只收男生的規定違憲。在我們更早的對話裡，她已經強調過這個案子的重要性。早在一九七〇年代，她便已開始挑戰公立學校只收單一性別學生的規定，首次出擊是針對只收男生的費城中央中學（Central High School）。[2]在她看來，維吉尼亞軍校案是她多年挑戰類似規定的高峰。

比較讓我驚訝的是，她還提到同樣是一九九六年的另一個案子：M.L.B. 訴 S.L.J 案（*M.L.B. v. S.L.J*）（她也承認，這個案子沒有受到多少關注）。在這樁案件中，最高法院以六比三票裁定密西西比州的一條規定違憲，主要意見書由金斯伯格主筆。大致經過是：M.L.B. 在民事案件中被停止親權，但因為她無法繳納兩百美元的行政費用，依照規定，她無法上訴。在先前的判例裡，最高法院已經認定刑事案件上訴權涉及人民基本權利，不可因為當事人無法繳納規費而予以剝奪。金斯伯格在

M.L.B.案中更進一步，指出「永久停止親權之（民事）判決」亦屬「國家不應『關閉司法平等之門』的範圍」。雖然克拉倫斯．托馬斯（Clarence Thomas）大法官持不同意見，認為這項裁定將「大開訴訟之門」，但金斯伯格強調：「對婚姻、家庭生活和養育子女的選擇，亦屬最高法院認定『對吾等社會具根本重要性』之結社權」，且「停止親權判決乃國家行為最重之形式之一」。[3]這個案件結合了金斯伯格教授民事訴訟程序的多年心得，以及她對當事人權利的關心。她深知對貧窮的當事人來說，訴訟程序的文書要求足以造成沉重的負擔；她也能體會本案中那位離婚媽媽的辛酸——她不但被法庭認定不適合當家長，甚至連上訴的機會都沒有。

擔任美國聯邦上訴法院法官期間，金斯伯格對涉及言論自由和宗教自由的案件也充分展現其捍衛公民自由的決心。她對政教分離立場堅定。對以宗教理由豁免普遍適用的刑事與民事法規的作法，她擔心會混淆政教分野，削弱反歧視法的效力。因此，在下級法院時，她會駁回一名衣索比亞錫安科普特教會（Ethiopian Zion Coptic Church）神父的上訴，不允許他以第一修正案保障宗教自由為由，豁免聯邦政府對大麻的禁令，在禮拜中使用大麻。[4]當上大法官後，她以同樣的原則在好必來案（Hobby Lobby case）[i]中提出不同意見。在這個案件裡，最高法院以五比四票同意給予好必來公司豁免，允許其經營者以宗教信仰為由，不配合《平價醫療法》（Affordable Care Act）中為員工投保避孕醫療服務的規定。

不過，對於出於宗教動機而有特殊需求的個人（例如守安息日者），金斯伯格贊同給予合理豁免，道理就與給懷孕婦女合理豁免一樣。在二〇一五年的楊訴優比速貨運公司案（*Young v. United Parcel Service*）中，[5]她在最高法院裁決前道出信念，最後說服六名大法官。她的看法是：依據一九七九年的《懷孕歧視法》，優比速應通融懷孕期間抬不起二十磅以上包裹的員工。金斯伯格說，國會在《懷孕歧視法》中將懷孕歧視界定為性別歧視的決定，已推翻最高法院在一九七四年對葛杜迪格訴艾耶洛案（*Geduldig v. Aiello*）的相反裁定。在艾耶洛案中，引起爭議的是：加州政府給予所有喪失職業能力的員工補貼，唯獨不補貼懷孕員工。最高法院裁定加州的作法並未違反憲法平等保護條款，主要意見書由波特．史都華（Potter Stewart）大法官主筆。史都華說，該加州法規不是針對男女性別的歧視，而是合理區別「懷孕女性與非懷孕人員」[6]（一九七六年，最高法院對奇異公司訴吉伯特案〔*General Electric v. Gilbert*〕也做出相同結論，裁定奇異公司未違反一九六四年《民權法案》〔Civil Rights Act〕第七章〔禁止「基於性別」的歧視〕）。

國會認定懷孕歧視是性別歧視的決定，證明金斯伯格長期抱持的信念是正確的。在一九七九年的一件訴訟裡[ii]，最高法院又一次認定只有故意歧視女性才是違憲。因此，即使「退伍軍人優先」的徵才規定有排除女性的效果，但這項規定本身不是歧視。裁定出爐後，金斯伯格與ACLU專任律師蘇珊・德勒・羅斯（Susan Deller Ross）聯名投書《紐約時報》，呼籲國會拒絕最高法院對《民權法案》第七章的解釋（亦即認定故意歧視才是歧視），並立法防止非故意歧視。她們把焦點放在懷孕女性在職場上受到的差別待遇。「如果把懷孕女性排除在標準附加福利之外，不是性別歧視，」她們寫道：「那麼，開除懷孕女性、拒絕雇用她們、逼她們休無薪長假，或是在她們返回工作崗位時刪減年資權利，是不是性別歧視呢？」[7]國會隨即呼應訴求，通過《懷孕歧視法》，明確宣告：基於懷孕的歧視，亦屬於《民權法案》

i 編註：伯韋爾訴好必來案（*Burwell v. Hobby Lobby*）乃好必來公司以其宗教信仰為由，拒絕為女性雇員提供的保險中涵蓋避孕、絕育以及避孕藥費用。五位男性大法官投票支持，判定好必來公司勝訴。金斯伯格為此寫了三十五頁的不同意見書，其中也以雇主的宗教信仰和疫苗接種保險或支付最低工資互相衝突為例，表達她對宗教團體以信仰為名，擺脫女性同工同酬訴求的強烈質疑。

ii 譯註：這個案子是麻州人事主任訴費尼案（Personnel Administrator of Massachusetts v. Feeney），詳見第十一章。

第七章禁止的職場性別歧視。

然而到一九八四年，女性主義者之間出現嚴重裂痕，原因是她們對加州的生產特休假規定看法分歧。金斯伯格此時已經成為聯邦法官，ACLU延續她一貫堅持的信念，主張這條法律與《懷孕歧視法》矛盾，因為《懷孕歧視法》規定：懷孕女性與暫時失能的員工「應享同等待遇」。ACLU提的彌補方式不是取消給女性的生產特休假，而是再次訴諸哈倫大法官在韋爾許案意見書中的見解——對於涉及歧視的法規，擴大適用和宣告失效一樣有效——請最高法院將這條規定擴大適用到男性。

為本案寫理由書的ACLU工作人員記得，他們當時被加州女權團體「惡意攻擊」，指控他們反女性。那些團體認為：即使這種規定違反形式平等，還是應該給懷孕婦女特別的福利，因為職場規則大多是為男性而設。換句話說，她們相信：為了得到平等對待，女性必須受到差別對待。

在一九八六年的演講裡，金斯伯格低調地為ACLU的立場背書。她說，給女性生產特休假可能造成「反彈效應」，讓女性更難受到雇用。她提的替代方案是建立《家庭與醫療假法》，讓男女都可享有育嬰福利。[8]然而，在一九八七年的加州聯邦儲蓄與貸款協會訴蓋拉案（*California Federal Savings & Loan Association v. Guerra*）中，最高法院支持加州的規定。特殊待遇陣營認為此乃己方的勝利，幾名領導者打算趁勝追擊，為懷孕婦女爭取其他更加激進的福利。

女性主義者之間對懷孕福利的辯論，為墮胎選擇權本身的法律地位帶來始料未及的影響。正如金斯伯格一九八六年的文章所說，「將懷孕歧視定性為性別歧視，需要的是對平等保護模式的比較分析，強調的是女性生育過程非特殊的部分」。相反的，那些女權團體強調的是生育過程特殊的部分，倡議的是給懷孕女性特殊待遇。這種看法的前提是男女由於生殖功能的差異，彼此之間並非「境況相似」。這也是史都華大法官一九七四年意見書的前提，因為這個前提，他認為歧視懷孕女性是合法的。

正因如此，金斯伯格始終堅持懷孕歧視是一種性別歧視。在她看來，生育選擇權的論述核心應該放在性別歧視，而非隱私權。與憲法並未明示的隱私權相比，以禁止歧視為保障生育選擇權的法律基礎更為牢靠。不過，在女性隱私權與憲法關係更明確的時候（例如第四修正案的禁止無理之搜索和拘捕），金斯伯格捍衛隱私權的立場仍十分堅定。

❖ ❖ ❖

羅森　在您寫過的意見書裡，您認為哪一件對公民自由最有貢獻？

金斯伯格　噢，傑夫，這像是問我最喜歡四個孫子裡的哪一個一樣。太多了。嗯，如果是女權領域的話，我想是VMI案。

羅　請告訴大家這個縮寫指的是什麼。

金　VMI，我想你知道，是維吉尼亞軍校（Virginia Military Institute）。它的經費來自國家，但不讓女生入學。所以我們的問題是：要是一間學校提供大量福利給一個性別的人，卻不給另一個性別的人，國家該不該繼續支持它？很多人質疑VMI案的理由是：欸，女生怎麼可能想進這間學校，參加那種累死人的入伍訓練？我的回答是：「的確，我不想，我女兒也不想。你雖然是男人，但你也不想。可是有些女生有意願、有能力，也準備好要接受VMI嚴苛的訓練。為什麼她們不能有這個機會？」我對那件裁定非常滿意。像我先生說的一樣，寫那份意見書，代表我在佛海默案（*Vorchheimer*）二十年後總算勝訴。你們現在一定想知道：佛海默案是怎麼回事？費城有兩間給資優生念的學校，一間叫中央中學，另一間叫女子中學（Girls High）。我想從名稱就看得出來這個案子在爭什麼了。事情是這樣的：有個女生想進中央中學，因為它的科學和數學設備較好，運動場也好多了，可是她完全沒有機會。所以她提出訴訟，說她沒有受到法律平等保護。她在聯邦地區法院初審時勝訴，可是在上訴法院以二比一敗訴，於是案子送到最高法院。大法官們意見分歧，正反兩方剛好是四比四。遇到這種情況，最高法院不能做出裁定，只能維持下級法院原判，而且對別的案子沒有判例價值。總之，在中央中學案裡，聯邦法官支持和反對的人數是一樣的。可是到維吉尼亞軍校案的時候，兩方變成七比一。對我來說，這是二十年變化的象徵。

羅　請再與我們分享一件您滿意的主要意見書。

金　有個民事方面的裁定沒有多少報導，叫 M.L.B. 訴 S.L.J. 案。最高法院之前的判例是：如果你在重罪案中請不起律師，付不起庭審謄本費，國家必須為你提供法律協助。M.L.B. 這名女性在打一場停止親權官司。之前有個社工說她不足以為人母，所以孩子被帶離她身邊，她也即將被停止親權。在初審法院敗訴之後，她想提出上訴。可是依照那州的規定，上訴要準備庭審謄本。M.L.B.有義務律師，但繳不起兩百美元的謄本費。所以州最高法院說，抱歉，你不付謄本費，我們就無法受理你的上訴。於是這個案子就送到最高法院。她的理由是：對孩子的親權是我最珍貴的東西，你們剝奪了它。反對她的理由是：你現在走的是民事訴訟程序。如果是刑事訴訟，而你很窮，國家會提供律師給你，也會付各種必須支付的規費。可是你的案子是民事訴訟（所以我們愛莫能助）。簡單來說，差別在於民事訴訟你得靠自己，刑事訴訟才有國家提供律師和負擔費用。我想對大多數女性而言，失去孩子比坐六個月牢嚴重，而且嚴重太多。

技術上來看，這個案子是民事訴訟，但我最後說服多數大法官：對為人父母的人來說，剝奪親權和刑事定罪一樣嚴重。最高法院裁定：如果她因為付不起謄本費而無法上訴，州政府應該免費提供謄本給她。原本刑事被告有權由國家付錢請律師和提供謄本，民事被告卻沒有這些權利，你非自己付錢不可。這項裁定為打破民事和刑事案件之間的嚴格區分跨出一步。我覺得M.L.B.案很重要的一點是，它讓最高法院仔細思考：對M.L.B.這樣的女性來說，親權被剝奪的衝擊多大。

羅　您已經談了兩件您滿意的案子，VMI案和M.L.B.案。在這兩件案子裡，您都成功說服您的同事同理遭到歧視和不公平待遇的女性。不過，我也非常喜歡您的不同意見書，欣賞程度不下於主要意見書，因為您的不同意見書往往寫得義憤填膺，筆力萬鈞。有一件是二〇〇三年的史密斯訴無名氏案（*Smith v. Doe*），討論的是阿拉斯加性犯罪者的登記規定。最高法院支持阿拉斯加溯及既往，將規定適用於法案通過前定讞的犯罪者。您在不同意見書中指出：這樣等於不給人改過機會，所有壞的紀錄都在網路上，但你沒辦法把好的紀錄放上去，也沒辦法為自己辯白。在涉及公民自由的案子裡，如果為了守護憲法的價值，您不得不與不受歡迎的那方站在一起，您會怎麼想？

金　偉大的憲法裁定，多半都是在那些你我都不想與其成為知心好友、也不想當隔壁鄰居的人所涉及的案件中提出的——基甸訴溫賴特案（*Gideon v. Wainwright*）不就是如此？[iii]可是，如果我們不喜歡的人就不保護，我們自己也會失去保護。第四修正案講的不是你可以搜查壞人，但不能搜查好人。

再想想威斯特布路浸信會（Westboro Baptist Church）那些人的案子（按：希德尼訴菲爾普斯案〔*Snyder v. Phelps*〕〔二〇一一〕）。他們反對美國參加伊拉克戰爭，認為去伊拉克陣亡官兵的葬禮上示威也是表達反對的方式之一。作法實在很糟。他們被限制在特定區域，不准靠近教堂，可是走那條路去教堂的人看得見他們。最高法院的裁定是那些人沒有權利干擾葬禮，也沒有權利擋住教堂入口，可是他們有言論自由。雖然我們也許覺得那些言論很討人厭，但只要他們沒傷到人，他們就有權利表達意見。政府不能審查我們不喜歡的言論。

你知道，這個議題從建國之初就備受討論。剛剛建國的時候吧，有張漫畫畫的是美國士兵押著英國保皇黨進監獄，標題是「支持言論自由才有言論自由」。政府不能告訴我們該想什麼、該說什麼、該寫什麼。只要我們沒有危害別人，這個權利就必須被尊重。不能有老大哥政府告訴我們該想什麼、該說什麼、該寫什麼。所以我認為這個案子很重要。雖然我們每一個人都覺得那種作法非常惡劣，可是美國史上多的是糟糕透頂的言論，而正是因為他們仍被允許發言，我們對自己表達意見的權利更感踏實。你有聽過一首歌〈我生活的家〉（The House I Live In）嗎？

羅　沒有。

金　我記得是保羅．羅布森（Paul Robeson）唱的。重點是裡頭有一句：「我口訴我心的權利，是美國對我的意義。」

羅　哇，寫得真好。的確很美。我們再來談談另一件公民自由的案子：好必來案。您對這個案子也是提出不同意見，而且您在意見書裡態度強硬。請與我們談談您為什麼對這個案子這麼堅決。

金　《平價醫療法》有列出一些醫療服務，是公司必須為員工辦理保險的，其中包括避孕——避孕對女性而言基本上是預防照護。可是好必來公司的領導層由衷地、真心地相信：有些避孕藥是罪惡的。所以他們說，我們沒辦法為員工保這種險。如果好必來公司是宗教組織，或者是宗教團體旗下的非營利機構，那好，

iii 譯註：克萊倫斯．基甸（Clarence Earl Gideon）有多次前科，一九六一年因竊盜罪被捕。他要求法庭指派律師，但法庭以他並非被控死罪為由，加以拒絕。基甸被判有罪，入獄服刑，在獄中以法庭違反正當程序為由向最高法院提告。最高法院判他勝訴。此後對於並非被控死罪之刑事被告，法庭亦有為其指派律師之責。

這個問題根本不會出現，因為所有成員都是同一個宗教團體的一分子，他們根本不會想採取那些避孕措施。可是好必來公司是營利機構，他們聘了成千上百位不持這種宗教信念的女性。我的論點是：如果你雇用背景不同的員工為你工作，你不能強迫他們和你信仰一致。如果你選擇聘請不同背景的人，如果你想在這一行做下去，你就必須遵守別的公司也必須遵守的規則，不能因為你深信不疑但員工並不相信的信仰而傷害他們的權益。我對好必來案的立場基本上是這樣。

羅　您會擔心這個裁定被擴大嗎？會不會擔心有些團體有樣學樣，要求豁免普遍適用的歧視法律？

金　我們等著看吧。我當時就說最高法院正走進地雷區，也在不同意見書裡舉了幾個例子。其中一個是：如果有個教派深信女人必須得到父親或丈夫允許，才能出門工作，而信仰該教派的雇主說：「我知道《民權法案》第七章禁止就業歧視，但我的信仰就是如此，所以我應該被那條法律豁免吧？」這只是一個例子而已，還有很多例子。

我在哥倫比亞特區聯邦巡迴上訴法院時也遇過類似的案子，是衣索比亞錫安科普特教會提的，他們要在聖禮時用大麻。可是他們和美國原住民教會（Native American Church）不一樣，美國原住民教會只在宗教儀式時用烏羽玉仙人掌，而且用的時候有人小心看著，隨時注意有沒有人中毒……衣索比亞錫安科普特教會的聖禮則是抽大麻，整天抽，天天抽。而他們說這是他們真摯的信仰，希望得到豁免。

就看看好必來案的裁定會給我們帶來什麼結果吧，我想會很有趣。

羅 有沒有哪個案子是您希望重新來過的？有沒有哪個裁定讓您後悔？還是有哪個立場您後來覺得應該更加堅持？

金 我用愛德華・塔姆（Edward Tamm）法官當年給我的建議回答你。那時我剛進哥倫比亞特區聯邦巡迴上訴法院，他對我說的大概是這樣：對每份意見書都盡力而為，但裁定之後就放下它，繼續進行下個案子，全力以赴。在已經做好裁定、公告出去的案子上糾結，對誰都沒有幫助。我現在也是這樣勉勵剛加入法官行列的人。

羅　但另一方面，面對日新月異的科技，您就不願以不變應萬變。看到最高法院對萊利訴加州案（*Riley v. California*）的一致裁定，我覺得很受鼓舞。在去年這項「手機裁定」中，你們九位大法官一致同意：警方逮捕時搜查手機，查看裡面的所有資訊，就像當年點燃美國革命的「空白搜索票」（general warrants），因為我們現在把人生存在手機裡。你們怎麼會這樣想？——我不知道你們這麼懂科技產品。我認識您好一段時間了。您都用哪些應用程式呢？

金　你知道嗎，審那個案子的時候，很多人說：唉，最高法院大法官才不會帶兩支手機在身上——可是我是這樣喔。

羅　真的？您有兩支手機？

金　真的。

羅　一支接私人電話，另一支公務用？有道理，大家都該學起來。

金　不是這樣，是一支我用得順手，另一支我用得不順手。總之，一直以來的規矩是：只要你被逮捕，你口袋裡的東西都能搜。只要警察有合理根據抓你，你的皮夾、記事本還有你身上的所有東西，他們全都能搜。所以政府說，口袋裡的手機就跟皮夾和記事本一樣。不過，最高法院對科技產品還是略知一二。我們知道手機裡能放很多東西，比開國元勛時代一屋子的檔案都多。所以最高法院說：不行，如果……警方想查看手機，必須照搜查和扣押的主要規則來──申請搜索票。去找公正的治安法官，好好說明你為什麼需要檢查手機。

羅　這些和科技有關的案件案子實在既精采又重要，因為如您所說，現代人生活都靠手機，您對這點真的相當清楚。還有一個案子和GPS有關──美國訴瓊斯案（*United States v. Jones*）──「全球定位系統案」。最高法院這次的推理方向不同，但還是做出一致裁定：警察不能在嫌犯車上裝GPS裝置，一週七天、每天二十四小時地追蹤他一整個月。有人認為首席大法官才問了第一個問題，控方就已經輸了──他說，政府的立場是你可以在大法官身上裝GPS裝置、追蹤我們的行動嗎？在律師答「是」的時候，這個案子結局已定。裁定根據的是第四修正案，不是隱私權。

金　隱私權並沒有寫進憲法。我們有的是第四修正案，保護人民不受無理搜索與扣押。不過，自由有一個概念，很重要的概念——我們理應有安排自己人生的自由，沒有老大哥政府隨時盯著我們看。這個觀念來自於一項保障，自由的正當程序保障，而非明訂的隱私權。

羅　另一個經常出現的公民自由問題是：美國國內和國外的外國人，是否擁有和美國公民一樣的隱私權？

金　這個問題我可以給你兩個答案。一個是：在美國國界之內，任何人都有正當程序與平等保護的權利，因為憲法說的是「人」（person）。我們看看第十四修正案是怎麼寫的，它說：「任何州，如未經適當法律程序，不得剝奪任何人的生命、自由或財產；亦不得對任何在其管轄下的人，拒絕給予平等的法律保護。」用「人」這個字，代表每一個人都享有正當程序和平等的法律保護。

這也是我堅定的信念：國旗之所在，即憲法之所在（the Constitution follows the flag）。意思是說，不論代表美國的人在哪裡行動，都應以憲法為依歸。這個觀點目前並未獲得多數大法官贊同，但我想有一天會的。

這個觀點有個很不錯的例子，是東西德仍處於分裂時出現的。案子本身就非常特別：兩個東德人從華沙劫機，飛到西柏林。劫機當然是犯罪，可是德國人很尷尬，因為對他們來說只有一個德國，沒什麼東德或西德。所以你如果住東邊，你應該能自由出入西邊才對。德國當局很頭痛，不知道該怎麼處理。美國這時伸出援手，說：二次大戰之後美國在柏林設有法庭，我們恢復它，再派個美國地區法官來主持審判。依照德國刑法判刑，但由美國法官審理。美國法官到了之後，第一個問題是：「人在哪裡？他們有律師嗎？」沒有，所以那名法官先確保他們有出色的辯護人。接著他問：「好，我們現在需要陪審員候選人。」陪審員候選人？德國不用陪審團的。但法官說，我要用。不論我在哪裡依憲法行使權力，憲法保障的權利都必須得到尊重。國務院對這種觀點十分頭大。那次審判非常特別，他們一切按規矩來，被告得到一切在美國法庭受審所能得到的保障，可是法庭在德國，依據的法律——適用的實體法——也是德國刑法。這位美國法官和我一樣深信：只要你是聯邦官員，不論你在國內還是國外行動，都必須以憲法為依歸。

羅　好棒的例子。如您所說，雖然多數大法官並不認為國旗之所在即憲法之所在，但有個別法官認同這個觀念。

我們接著談談宗教自由。在小眾信仰與一般適用規則衝突時，該怎麼做？

金　有些宗教習俗已經得到通融，例如守安息日。如果給予通融不會影響其他員工，雇主必須通融。可是在好必來案中，政府如果因為雇主的宗教信念而給予通融，就等於是剝奪了國會規定雇主應該給予員工的保險。我那一次的論點便是這樣——沒錯，可以通融，可是在你的手打到另一個人的鼻子的時候不行。合理的通融都沒問題。

我們這個庭期馬上會審到一個貨運公司女員工的案子。她是司機，送包裹的，她的醫生要她懷孕期間別提二十磅以上的東西。她的同事願意幫忙、可以幫忙，也早就準備好幫她提重物，可是她的雇主說不行，我不必通融你，因為你不是殘障。我必須通融殘障人士，可是懷孕不是殘障。於是她被停職。生完孩子回來上班後，她說：「你們本來就有通融我的義務，所以我被迫停職這段時間應該得到補償。」這是我們這個庭期要審的案子之一。

之所以會有這件訴訟，是因為最高法院七〇年代審過一個孕婦的案子。他們說她不能把懷孕歧視當性別歧視申訴，因為這種歧視是基於懷孕，不是基於性別。

最高法院這樣裁定實在令人瞠目結舌，國會馬上通過《懷孕歧視法》……這部法說基於懷孕的歧視就是基於性別的歧視。我剛剛說的那個案子裡的女性，就是用這部法告她的雇主，指控他不通融她懷孕期間不能提重物，還為此將她停職。

羅　我想我必須以這個問題結尾：我很榮幸受邀主持這間偉大的機構——國家憲法中心。國會設立它的目標是「以超乎黨派的立場，傳遞關於我國憲法的資訊」。憲法裁定可能超乎黨派嗎？這個理想可不可能是不切實際的呢？

金　憲法是我們政府的根本大法，每個美國人都應該認識它。幾年前我去中國，報紙還特地報導「美國大法官隨身帶憲法」。中國記者對這件事印象很深，因為很多地方都有類似我們《權利法案》的規定，而且規範的範圍搞不好比我們廣得多，可是那是宣示性的，不是真正的法律。美國憲法則是我們最高的法律，在所有法律之上。我們的憲法不只是宣示性的，它有這種地位，而且一直以來都是如此。你也許聽過一個老笑話：有人到法國一家書店想買法國憲法，店員說：「抱歉，我們這裡不賣內容老是在改的書。」請想想看，美國憲法是一七八七年訂的，而我們直到現在仍受它規範。

CHAPTER

5

法界姊妹
Sisters in Law

吉米·卡特（Jimmy Carter）總統任內特意推動聯邦法院多元化。一九八〇年，他任命露絲·拜德·金斯伯格為哥倫比亞特區聯邦巡迴上訴法院法官，作為他多元化措施的一部分。從那之後，金斯伯格一直重視增加女性法官的議題。在一九九三年八月十日的大法官就職典禮上，她強調：「在（柯林頓總統）目前為止提名的十四名聯邦法官中，有六名是女性。」她還說：「我想我能在有生之年看到：在資格優異的聯邦法官被提名人中，法界姊妹的人數有一天會和法界弟兄一樣多。」[1]

她接著談到珊卓拉·戴·歐康諾，美國最高法院第一位女性大法官。她說歐康諾常引用明尼蘇達州最高法院大法官瑪莉·珍妮·考伊奈（Mary Jeanne Coyne）的話：

女法官斷案與男法官並無不同，因為「睿智的男長者和睿智的女長者，得到的結論是一樣的」。金斯伯格贊同考伊奈的看法，她說：「我同意，但我同樣不會懷疑的是：女性就像出身不同團體和不同種族的人一樣，能一同奏出傑出法學家、第五巡迴法庭老法官艾爾文・魯賓（Alvin Rubin）所說的——『集生物差異、文化影響和生命經驗之大成的獨特組合曲』。」[2]的確，在歐康諾與金斯伯格共事的歲月，她們對涉及性別歧視的案子經常站在同一陣線。她們的四名男同事的態度也出現變化：在歐康諾進入最高法院後，他們支持性別歧視案原告的機率增加了百分之二十六。[3]

金斯伯格既堅持法官多元性的重要，又經常告誡：「對女性或男性的概括化認知（generalizations）……無法可靠地指引我對特定個人做出裁定。」她是如何調和這兩種態度呢？她不認為所有女法官都會以同一種方式看案件，但又堅持：整體而言，聯邦法官多元化更有助於評判其判決的風險與影響，因為此時聯邦法院成員（不）是一個模子裡印出來的。[4]二〇〇九年最高法院審薩佛德統一學區訴瑞汀案（*Safford Unified School District v. Redding*）時，言詞辯論的戲劇化過程證明她的看法確實有道理。案由是：十三歲中學生莎曼珊・瑞汀（Samantha Redding）被懷疑攜帶強效止痛處方藥到校，校方令她脫衣檢查，但連胸罩和內褲都搜了，還是沒搜到，莎曼珊深感受辱。

言詞辯論時，史蒂芬·布雷耶大法官語出驚人，說他不知道這算什麼大事：「脫到剩內衣褲有什麼大不了的？小孩子上體育課哪個不換衣服？」他補充說，他「八歲、十歲還是十二歲的時候，我們天天都脫衣服換裝上體育課，有時還有人黏東西在我內褲裡」。幾個人尷尬地笑了幾聲後，金斯伯格——最高法院當時唯一的女性——為這場對話加入女性觀點。「這不只是脫到剩內衣褲而已！」她提出抗議：「他們還要她掀開胸罩，拉開內褲褲頭再翻開！」[5]金斯伯格堅持從瑞汀的角度看這次搜身，負責寫意見書的大衛·蘇特大法官受她影響，將她對這次搜身的評語寫入意見書，說它「令人窘迫、恐懼而受辱」。金斯伯格後來又加上「猶如虐待」。[6]

進最高法院時，金斯伯格很感謝珊卓拉·戴·歐康諾的溫暖相迎。她說歐康諾是「你所見過最熱心的大姊」。她以前的一位法律助理對為她作傳的雪倫·德·哈特（Sherron De Hart）說，金斯伯格覺得她和歐康諾的關係比其他大法官重要。[7]一九九七年受邀為歐康諾頒獎時，金斯伯格講了她們之間的一段故事：一九九三年十月，金斯伯格第一次負責寫意見書。她原本以為會從簡單的寫起，例如意見一致的案子（新任大法官通常會先負責這種）。「收到指派單後，我心頭一陣鬱悶。」她說：「我分到一件很複雜、一點也不簡單的案子，大法官之間的看法極度分歧。我去向珊卓拉請教，她的回答很簡單：『寫就是了。可以的話，在下次指派任務之前就先寫出初稿，讓大家傳閱。』」後來，金斯伯格的第一份主要意見書沒有得到歐康諾支持。可是金斯伯格在法官席上看這份意見書的摘要時，歐康諾傳來字條。「這是你為最高法院寫的第一份意見書，」上頭寫道：「寫得很好。我期待能看到你更多好作品。」[8]

金斯伯格欽佩歐康諾在友善對話上的用心，欣賞她提出異議時從不惡言相向的涵養。雖然金斯伯格與安東寧．史卡利亞大法官也私交甚篤，但史卡利亞和歐康諾的作風恰呈強烈對比。史卡利亞曾在不同意見書中尖刻地聲稱歐康諾的某個看法「不能認真看待」，逼得歐康諾回他：「棍棒加身能斷骨，寥寥數語不傷身。」（但她後來補了句：「這句話可能不是真的。」）[9]金斯伯格說，歐康諾「表達異議時清楚坦率而專業，不浪費多餘口舌指責同事的看法『令人震驚』、『不負責任』或『蠢到無以復加』（這些話可都不是我捏造出來的）。在這方面，她也是我的榜樣。」[10]

常有人問金斯伯格：加入兩名女性大法官之後，最高法院是否有所改變？她說：「從一九九三年庭期開始，更衣室旁邊多了間女盥洗室，跟男盥洗室一樣大。」在歐康諾進入最高法院十二年後，金斯伯格的到來才總算讓大法官們發現：該在更衣室旁邊設間女盥洗室了。

二〇〇九年，金斯伯格獲得提名十六年後（也就是歐康諾退休三年後），索尼婭・索托瑪約（Sonia Sotomayor）[i]被任命為最高法院第三位女性大法官，隔年，艾蓮娜・卡根（Elena Kagan）[ii]也加入了大法官的行列。金斯伯格樂見兩名紐約同鄉成為她的新同事。卡根剛認識金斯伯格時正擔任法律助理，協助哥倫比亞特區聯邦巡迴上訴法院的阿布納・米克瓦（Abner Mikva）法官，而我也同樣當過米克瓦法官的法律助理。在卡根擔任大法官的第一個庭期結束時，金斯伯格在第二巡迴上訴法院司法會議上說：「她說理清晰的文筆，還有在言詞辯論時的犀利提問，已經讓她深受讚賞。」而金斯伯格也不斷表達她期盼有更多女性進入最高法院，表明「當有了九個女性大法官時」，才算是有足夠多的女性。[11]

在金斯伯格與歐康諾共事的十三年裡，她們始終交情深厚。雖然在大法官們意見不一致的案子中，她們看法相同的只有百分之五十二；[12]而且在某些備受矚目的爭議案件裡，如布希訴高爾案，她們意見相左的程度可謂重大。但歐康諾一直都敬

i 編註：現任美國最高法院大法官，二〇〇九年，在大衛・蘇特大法官退休後，由美國前總統歐巴馬提名，是繼金斯伯格後第三位擔任此職位的女性，也是第一位有色人種女性大法官，立場偏向自由派。

ii 編註：現任美國最高法院大法官，是第四位擔任此職位的女性，立場偏向溫和的自由派。

佩金斯伯格在性別平等領域的開拓性成就。在維吉尼亞軍校案裁定公立學校只收男生違憲之後，約翰．保羅．史蒂文斯大法官原本想請歐康諾寫意見書，但歐康諾拒絕了他，堅持「這該讓露絲來寫」。[13]

二〇〇五年夏，由於歐康諾丈夫的阿茲海默症快速惡化，她宣布退休，打算專心照顧先生。金斯伯格既為好友的離去悵然，也為同年過世的首席大法官威廉．倫奎斯特而神傷（倫奎斯特在與甲狀腺癌搏鬥期間所展現出的幽默與勇氣，讓金斯伯格十分敬佩）。二〇〇六年，隨著山繆．阿利托和約翰．羅伯茲分別被任命為大法官和首席大法官，最高法院向右偏移。身為日益保守的最高法院裡唯一的女性，金斯伯格在深感勢單力孤之餘，也開始改變自己的角色，從抱持司法最小主義的溫和派變成聲名狼藉的異議者。在此同時，她也進一步加強長年堅持的健身習慣。她的健身計畫源自加拿大空軍，她曾與我仔細講過內容。

一九九九年從大腸直腸癌痊癒後，金斯伯格就開始與布萊恩．強森（Bryant Johnson）一起健身。強森是傘兵，也是私人健身教練，白天在地區法院書記官辦公室工作（她做完化療後，馬蒂對她說：「你看起來活像剛從奧許維茲〔Auschwitz〕出來。你得找個健身教練恢復恢復氣力，好好過日子。」）。[14]除了二〇〇四到二〇〇七年強森派駐科威特（Kuwait）那段時間之外，金斯伯格一直與強森一起健身。強森也把他們的計畫寫成《RBG健身書》（*The RBG Workout*），二〇一七年出版。在最高法院健身房中，金斯伯格年復一年進行每週兩次、每次一小時的健身計畫。憑著鋼鐵般的專注與決心，她不但骨質密度增加了，也能對牆做伏地挺身（強森說她「動作標準，像我在陸軍基礎訓練中學的一樣」）。很多男女老少被她的決心和專注感動，開始做重量訓練和心肺運動。強森的媽媽也受她激勵，不但成功減重五十五磅，而且此後持續規律運動。在這個過程裡，金斯伯格也成為大法官裡最健康的其中一人。在二〇一八年於喬治．華盛頓大學（George Washington University）的一場對談中，被問到哪幾位大法官能做更多伏地挺身時，她說：「尼爾．戈蘇奇（Neil Gorsuch）大法官也許可以。」她還補充：她這位五十五歲的同事每天騎腳踏車上班。另外，「我想我們首席大法官應該也行。」[15]

❖ ❖ ❖

羅森　金斯伯格大法官，最高法院大法官現在有三位是女性。歐康諾大法官是第一位，後來有兩位，接著又變回一位，後來回到兩位，現在終於有三位。您覺得如何？應該更多嗎？

金斯伯格　我想將來會更多。你知道我講過：「我想我在有生之年會看到三位、四位，甚至更多女性成為最高法院大法官。」我們現在稍微落後加拿大一點，他們有九個大法官，現在有四個是女性，包括他們的首席大法官在內。但我們會趕上的。

羅　我記得您與艾蓮娜．卡根是舊識。兩位是怎麼認識的？

金　我第一次見到她的時候，她是阿布納．米克瓦的法律助理。我忘了是我先認識艾蓮娜，還是她先認識我。我被柯林頓總統提名的時候，喬．拜登（Joe Biden）[iii]是參議院司法委員會主席。他想為聽證會做好準備，所以借用當時在白宮工作的艾蓮娜幫忙。他請她看我寫的每一份意見書和每一篇演講，告訴他我是什麼樣的人，也建議他該在聽證會時問我什麼問題，所以艾蓮娜很瞭解我。她成為訟務總長後，我少了我最好的法律助理推薦人。因為她當哈佛法學院院長時和我有過協議：我有四個法律助理，其中一個請她推薦。她介紹過給我的法律助理都表現得非常好。

羅　您對她當訟務總長的印象是？

金　她第一次出庭——艾蓮娜生平第一次出庭——就是上美國聯邦最高法院，她的表現好極了。她是很棒的辯護人，每個論證都很不錯。（二〇一〇年被提名大法官時，）她有遇到一點問題，因為她以前評論過我的提名和史蒂芬．布雷耶的提名，說她希望我們多流露一點個性。年紀更長也更有智慧之後，她走上和我們一樣的路。

羅　她的作風如何？您認為她勝任愉快嗎？

金　我認為她做得很棒。我有寫過一張字條給她，說：「當大法官需要兩個特質，一個是耐心，另一個是幽默感。只要知道這個就夠了。」我覺得她兩個都有。

羅　最高法院動見觀瞻，大家當然很好奇這樣的機構平時的情況。在我很有限的認知裡，九位大法官似乎永遠有開不完的會，每天都和同一群人關在房裡長時間

iii 編註：拜登於二〇二一年擊敗川普，當選美國總統。

討論問題。你們相處得如何？

金　在我工作過的機構和教過的法學院裡，沒有一個地方比最高法院更融洽。我們真的像個大家庭一樣，不管我們對重大問題的看法有多分歧，我們真的尊重、喜愛和關心彼此。我第一次罹患癌症時，一九九九年的時候，珊卓拉給我的建議是：化療「挑禮拜五做，週末熬一熬，禮拜一就能來上班」。她還給了我另一個建議，我很慶幸有照著做，她說：「到時候全國各地都會有人寫信給你，助你早日康復——別回信了，連試都別試。」

我第一次罹癌時最喜歡的插曲是：我親愛的同事大衛・蘇特來看我——別的同事也來了——他說：「露絲，這段時間如果有什麼事我幫得上忙，儘管給我個電話，什麼事都可以。」結果有個下午，禮拜五下午，馬蒂打電話跟我說：「你做完化療麻煩來找我一下，我在華盛頓醫療中心（Washington Hospital Center）心臟科病房。」不是什麼性命攸關的問題，但他得在那裡住兩天，而我有隔天晚上華盛頓歌劇院的票。於是我打給大衛・蘇特，對他說：「大衛，你之前說什麼事要幫忙都可以找你。我明天晚上不想一個人去聽歌劇。你能不能跟我去？」在座各位不曉得這是多麼了不起的成就，找大衛去甘迺迪中心簡直難如登天。

他應該被邀過幾十次吧，除了紀念瑟古德．馬歇爾大法官那次之外，他總是敬謝不敏。那天晚上的歌劇他聽得很開心，不過，他後來還是沒有自己去過。

羅　最高法院女性變多之後，氣氛有什麼改變？

金　我和歐康諾大法官共事超過十二年，每一年或早或晚，一定會有律師在言詞辯論時把我叫成歐康諾大法官，因為他們已經習慣最高法院只有歐康諾大法官一位女性。我和珊卓拉常常得糾正律師，她會說：「我才是歐康諾大法官，她是金斯伯格大法官。」最糟的是只有我一個女人那幾年，一進法庭看到的是八個身材差不多的男人，最旁邊坐個小不愣登的女人，畫面不太好看。現在不一樣了，法官席有三個女人，我不再孤伶伶了，而且兩個新同事都不是忸忸怩怩的人。索托瑪約大法官甚至擊敗史卡利亞大法官，成為言詞辯論時問最多問題的大法官。

羅　鼓勵女性競選公職是好事嗎？對於正在猶豫該不該競選的女性，您會想對她們說什麼？

金

我覺得女性現在如果有心擔任公職，從各個團體得到的支持比以前多很多。就拿我們最高法院來說吧，在珊卓拉・戴・歐康諾一九八一年被任命之前，美國從來沒有女性大法官。我是被吉米・卡特總統任命為哥倫比亞巡迴上訴法院法官的。他有心改變美國司法界的面貌，也真的帶來改變。雖然他不是律師出身，但他觀察聯邦法院之後發現：「他們都跟我一樣，一模一樣，全是男性白人，可是偉大的美國不是這樣。我希望法官出自全體國民，而不是只從一部分人裡挑。」於是他努力任命少數族群和女性，而且不是一次一個，是很多個。我記得光是聯邦初審法院和聯邦地區法院，他就任命了超過二十五名女性。上訴法院他任命了十一個，我也是那十一個幸運兒之一。現在有人問我：你一直立志當法官嗎？我總是笑笑回答：我從法學院畢業的時候，上訴法院一個女法官也沒有。更早以前有一位芙蘿倫絲・艾倫（Florence Allen），是一九三四年由羅斯福（Roosevelt）總統任命的，但她在一九五九年退休，之後就沒有了。接下來要到詹森（Johnson）當總統，才任命雪莉・赫夫斯特勒（Shirley Hufstedler）為第九巡迴上訴法院法官。後來吉米・卡特總統建立起模式，之後的總統也都沒有打破。雷根總統不願落於人後，決心任命第一位女性大法官。他找遍全國，最後找到一位傑出的人選：珊卓拉・戴・歐康諾。現在最高法院有三個女大法官，占全部大法官的三分之一。因為我變得比較資深，所以坐法官席比較中間的位子，索托瑪約大法官坐一頭，卡根大法官坐另一頭。她們都很積極參與討論。

羅　有調查說女大法官說話時更常被打斷，您對這個現象似乎很感興趣。您有仔細想過為什麼會這樣嗎？

金　我想我的同事也有發現這件事，以後也許會更加留意。不過，我們其實都會打斷彼此的發言，在這裡工作過的法律助理都知道。有趣的事情很多，有一次是言詞辯論的時候，歐康諾大法官講了講停了下來——她經常是第一個提問——我以為她問完了，正開口問，沒想到她說：「等一下，我還沒講完。」我午餐時向她道歉，她對我說：「露絲，別放在心上。換成是男人，插嘴是家常便飯。」第二天的《今日美國》（*USA Today*）出現一則報導：「粗魯露絲打斷珊卓拉」。有人找我評論此事，我就講了珊卓拉午餐時講的話：男人成天互相插話，只是你們沒注意而已。那個記者該給他鼓鼓掌，他又看了最高法院兩次開庭，說：「你說的沒錯，兩個男人互相插嘴的時候，我從沒注意。」後來有位語言學者投書《華盛頓郵報》（*Washington Post*），想解釋為什麼會這樣——為什麼是我打斷珊卓拉，而不是她打斷我？她說：「金斯伯格大法官是紐約長大的猶太人，這個族群語速快；歐康諾大法官出身步調悠閒的西部，講話比較慢。」可是認識我們兩個的人馬上會告訴你：我講一個字的時間，珊卓拉可以說兩個字。無論如何，這是刻板印象的絕佳例子。

羅 您在法庭上和私底下的講話風格很不一樣。在法庭上，您能言善辯，揮灑自如。可是在私下交談時，朋友們都知道在您停頓時得耐心等，因為那代表您接下來要講的事很重要。

金 （漫長的停頓）

（笑）

沒錯，我的法律助理也都知道。

（笑）

是這樣，我講話之前會先試著想一想。

（笑）這是我先生教法律時學到的。看到男生回答問題比女生踴躍得多，他有點擔心。一個同事給他建議，她說：「不要點第一個舉手的，那一定是男生。等個五、六秒之後，女生會開始舉手，因為女生開口前會先想。」

羅 您講過最高法院應該有九位女性，為什麼這對男人來說是好事呢？

金 我沒講過應該要有九個女大法官。那時是有人問我最高法院有幾個女大法官算夠了，我說有九個的時候就是夠了。在我們歷史大多數的時間裡，除了大法官少於九個人的時候，以及一度有十個大法官的時候，最高法院一直都是九個男人，直到歐康諾大法官被任命。在此之前，沒有人覺得九個大法官全是男的有什麼奇怪。

羅 可是，為什麼九位女大法官對男性和女性都好呢？您不是說笑，對吧？

金 有些州的州最高法院已經全是女性了。我記得明尼蘇達州已經好一陣子是這樣。女性占多數的州最高法院也很多。

羅　為什麼這樣是好的呢？您堅定地講過，在審理個別案件時，您不會讓對於女性或男性的概括化認知影響您的判斷。是不是因為這樣，所以不論是九名女性或五名女性都沒關係？

金　女性的生命經驗可以為討論注入不同面向。我認為對合議制機構來說，不同背景和經驗的成員能讓討論更豐富，運作成效會好很多。

我們審過一個案子：有個十三歲的女生被懷疑帶了不該帶的藥到學校。她被帶到女生廁所脫衣搜身。我記得她包包裡的藥有布洛芬（Advil）和阿斯匹靈（aspirin）。[iv]脫衣搜身後，校方並沒有在她身上發現違禁品，於是叫她在校長室前的椅子上坐著，打電話給她媽媽帶她回家。

她的媽媽看到女兒遭到這種羞辱，氣瘋了，用一條內戰後的反歧視法提出訴訟——我們姑且叫它一九八三條案（Section 1983 suit）。言詞辯論一開始毫不嚴肅，我的一個同事說男生在更衣室裡都是如此，沒人覺得當著別人的面脫衣服有什麼好害臊的。我的回應是：在這個方面，十三歲女生和十三歲男生不同。對成長中的女生來說，這是個尷尬階段。我講完之後，大家突然不再開玩笑了。

我猜我的同事們想到了他們的太太和女兒。不過，我之所以看得到這點，是因為我有女性的生長經驗。所以，並不是女性斷案與男性不同——女性不會如此。明尼蘇達州最高法院的女大法官珍妮·考伊奈講過：睿智的男長者和睿智的女長者做出的裁定是一樣的。但她也說：女性能將全是男性的司法機關所看不見的面向帶入討論。

羅 如果歐康諾大法官還在最高法院的話，您認為哪些案件的裁定會不一樣？

金 我想，聯合公民案（*Citizens United*）[v]和謝爾比縣案（Shelby County）[vi]，她會站在我們這邊；好必來案可能也會。

iv 譯註：事情經過是：有學生向校方舉報這名女生在學校拿處方藥給同學（依該校校規，必須事先取得許可才能帶這些藥來學校）。校方在她包包裡搜出藥物，但該名女生聲稱包包先前借給朋友，裡面的藥不是她的。於是校方對她搜身。

v 譯註：二〇〇八年民主黨總統初選前，保守派非營利組織聯合公民（Citizens United）想買時段播放批判希拉蕊（Hillary Clinton）的影片。但依《兩黨競選改革法案》（Bipartisan Campaign Reform Act）規定，任何公司或工會皆不得於初選前三十日於廣播、電視等「競選通訊管道」（electioneering communication）宣傳或攻擊特定候選人。聯合公民以該法規違反第一修正案為由提憲法訴訟，最高法院以五比四票裁定該規定違憲。

vi 譯註：詳見第八章。

羅　您認為她後悔決定退休嗎？

金　她早就決定要在七十五歲時退休。她原本打算和丈夫約翰過過清閒日子，做些喜歡的戶外活動。約翰的阿茲海默症惡化到這些計畫全泡湯時，她已經宣布要退休了。我想她一定很掛心最高法院的某些裁定，那些扭轉她以前寫的意見書的裁定。

羅　說到退休，有人說您應該趁政治環境對民主黨有利時提前退休。您對這些聲音有什麼感想？您的回應是什麼？

金　我首先想說的是，能做一份沒有強制退休年齡的工作，我覺得非常幸運。世界上大多數國家都有強制退休年齡，我們的很多州也有，六十五歲、七十歲、七十五歲都有。不過，只要我還能全心全力做這份工作，我就會繼續做。我想我會知道自己什麼時候已無法想得清、記得牢、寫得快。上個庭期，我寫意見書的速度是第一快的。從言詞辯論到發布裁定，我平均只花六十天，比首席大法官還快六天左右。所以，我不認為我已經到了沒辦法把工作做好的時候。我問過一些人，尤其是那些說我應該趁歐巴馬總統在任時提早退休的學者：「你認為哪位人選是總統可以提名、現在的參議院會通過，而且你希望能在最高法院取代我的？」我這個問題沒有人回答過。

羅　您的健康情況好嗎？

金　好。我到現在還每週和我的教練健身兩次。我和卡根大法官請的是同一位教練。我從一九九九年開始就一直是這樣。

羅　你們一起健身嗎？

金　不，她比我年輕多了，甚至比我女兒還年輕。她練拳擊，用這種方式趕走挫折再好不過。

羅　您呢？您做什麼運動？

金　我做很多種，重訓、漫步機、伸展運動、伏地挺身等等。我還幾乎天天做加拿大空軍健身操。

羅　就是我和您一九九一年在上訴法院認識的時候，您做的那種運動嗎？

金　不是。我那時候在上爵士健美操，一種音樂放得很大聲的有氧運動，對我來說像魔音傳腦。八〇、九〇年代很流行爵士健美操。

羅　那麼，什麼是加拿大空軍健身操？

金　加拿大空軍有出過一本健身書，平裝的。我二十九歲的時候，那本書非常流行。有一次我和馬蒂去雪城（Syracuse）參加稅務會議，沿途順道去接一個律師一起參加早上的會。抵達的時候，他說：「等我一下就好，我得把操做完。」我問他做的是什麼操，他說是加拿大空軍健身操，他沒有一天不做。結果幾年以前，告訴我加拿大空軍健身操的那位律師不做了。倒是我還繼續做它的暖身和伸展部分，幾乎每天都做。

CHAPTER

6

尼諾[i] Nino

一九九三年，在柯林頓總統正在考慮大法官人選的時候，我參加了一場華府上訴法院法律助理的午間簡餐會議。他們告訴我，幾個月前在另一場午餐會上，有人問安東寧・史卡利亞大法官：「如果你下半輩子都得和勞倫斯・特萊布（Laurence Tribe）或馬里奧・古莫（Mario Cuomo）待在荒島上，你選哪一個？」[ii]他不假思索就開口回答：「露絲・拜德・金斯伯格。」我在《新共和》上為金斯伯格背書的文章裡寫下了這則軼事。而二〇一六年五月，在史卡利亞大法官於華府的追思會上，金斯

i 編註：尼諾是安東寧・史卡利亞大法官的暱稱。

伯格重提起了這件往事，還加上一句：「幾天後，總統選了我。」[1]

擔任上訴法院法官的十二年間，金斯伯格贏得史卡利亞大法官與許多保守派人士的敬意，這一點無疑是柯林頓選擇她的原因之一。「露絲・拜德・金斯伯格不能被歸為自由派或保守派，」柯林頓提名她時這麼說：「她已證明自己思考之周延，不受這些標籤框限。」[2]不過，史卡利亞和金斯伯格對彼此的敬重與情誼，本來就不是因為意識形態相近，而是因為對音樂的共同愛好和幽默感。他過世後幾天，金斯伯格在一篇動人的悼詞裡這樣寫道：「他是一位深具魅力的法學家，才華洋溢，機智風趣。即使是最一本正經的法官，他都有逗他們發笑的罕見天賦。」[3]

金斯伯格在悼文裡提到了其他軼事：他們兩人雖然長年意見分歧，卻仍心無芥蒂，幽默感在此厥功甚偉。「有人問過史卡利亞大法官：你們對很多事情看法不同，這樣怎麼能當朋友呢？他說：『我攻擊的是看法，不是攻擊人。有些很好的人會提出很糟的看法。』」金斯伯格的追憶引來一陣笑聲：「在他為歌劇《史卡利亞／金斯伯格》（*Scalia/Ginsburg*）的劇本寫的前言裡，他說：二〇〇九年在英國大使官邸的歌劇晚會當晚，是他華府歲月的高峰。那天，他和兩位國家歌劇院的男高音一起合唱。他說著名的『三大男高音』指的就是他們。[iii]」[4]

《史卡利亞／金斯伯格》是當時就讀馬里蘭大學法學院的德瑞克．王（Derrick Wang）所作，金斯伯格甚至比史卡利亞更喜歡這齣歌劇。二〇一四年，國家憲法中心將這齣歌劇搬上華府舞臺的時候，我很榮幸和金斯伯格一起在底下玩猜曲名遊戲，因為我們都從王先生放進歌劇的旋律裡認出他引用了我們最喜歡的作曲家——韓德爾（Handel）、莫札特（Mozart）、史特勞斯（Strauss）、比才（Bizet），還有吉伯特與蘇利文的作品。金斯伯格最喜歡的一段是二重唱〈我們不同，我們為一〉（We Are Different, We Are One），這一段歌頌大法官之間的跨黨派情誼以及對憲法的愛。

ii 編註：前者是自由派法學家，哈佛大學憲法學教授。他三十歲獲哈佛終身教職，自一九六八年起便在哈佛法學院任教，三十八歲當選為美國藝術與科學院院士。他曾協助編寫南非、捷克共和國和馬紹爾群島的憲法，他所辯論過的眾多上訴案件中，有五分之三勝訴（包括美國最高法院的三十五起案件）。二〇一〇年，他被歐巴馬總統和司法部長霍爾德任命為第一位資深法扶顧問。自一九五〇年以來，他寫了一一五本書，而其論文《美國憲法》被引用的次數超過任何其他法律文本。後者則是民主黨政治人物，曾任第五十二屆紐約州州長（任期自一九八三年至九四年），其長子安德魯．古莫意目前亦擔任紐約州州長。勞倫斯．特萊布和馬里奧．古莫兩人都與史卡利亞有過齟齬。

iii 譯註：原本所謂的三大男高音是指卡列拉斯（Carreras）、多明哥（Domingo）和帕華洛帝（Pavarotti）。

我們不同。
我們為一。
這就是美式矛盾。

我們欣賞分歧。

在摩擦裡解開糾結，在摩擦裡重新團結。
為了守護立國精神。
為了維持國力不墜。
最高法院如此設計。
我們是一家人。
我們一共九人。

然而，在二〇一八年九月布萊特·卡瓦諾的大法官任命聽證會上，兩黨囿於黨派，意見流於兩極化，最高法院同袍間的緊密關係與跨黨派的合法性受到了威脅。

金斯伯格批評參議院只依黨意行使同意權，任憑黨派之爭破壞了聽證會的意義。她把卡瓦諾的任命聽證會與當初她自己和史卡利亞的聽證會做了比較：卡瓦諾被提名時，民主黨的票一張也沒有給他；她和史卡利亞大法官被提名時，則幾乎是一致通過。「以前那樣才對，現在這樣是錯的。」她在喬治・華盛頓大學對訪問者這樣說。[5]

在金斯伯格與史卡利亞共事的最後幾年，他們意見一致的案子比她進最高法院第一年時少了很多（有學者說她第一年的投票模式「無單一意識形態傾向」[6]）。儘管如此，友情的力量還是讓他們保持緊密關係。馬蒂・金斯伯格的好廚藝為這段友情增色不少，而重頭戲則莫過於每年在金斯伯格家舉辦的跨年晚宴，他們常會一起圍著鋼琴唱歌。馬蒂與史卡利亞的妻子莫琳（Maureen）也結為好友。二〇一一年，大法官們的另一半為紀念馬蒂，將他的食譜集結出版，書名取為《最高主廚》（*Chef Supreme*），序言便由莫琳・史卡利亞執筆。「馬蒂不只是最高主廚而已，他製作菜餚的熱情、看著我們品嘗他傑作的迷人微笑，還有他看待我們手藝的溫暖耐心，都在在令我們懷念。」她往下寫道：「在我計畫、烹調菜單上我負責的那部分時，他總用笑容鼓勵我。但我打算買現成的麵包時就不一樣了，馬蒂絕不接受這種事，這對他來說簡直無法想像。何其可悲的想法啊！他會一臉憂傷，『麵包還是我來做吧。』」

在金斯伯格看來，史卡利亞的作風太偏向司法積極主義（activist jurisprudence），她也從不掩飾她對此強烈的不以為然。在史卡利亞的見解成為主要意見時，她經常提出不同意見。二〇〇〇年的布希訴高爾案是如此，二〇〇八年的哥倫比亞特區訴海勒案（*District of Columbia v. Heller*）也是如此（此案認可第二修正案的個人擁槍權）。不過，即使在布希訴高爾案這樣重大的分歧之後，他們的交情還是沒有受到影響，就像她在史卡利亞的追思會上所說：

另一個永難抹滅的回憶是二〇〇〇年十二月十二日，最高法院裁定布希訴高爾案那天。結束之後，我待在辦公室裡，在馬拉松式的審理流程後，精疲力竭：星期六受理審查，星期天提理由書，星期一言詞辯論，星期二完成並公布意見書。不令人意外的是，我和史卡利亞大法官立場相反。

他深信最高法院做了正確決定，我不同意，也在不同意見書裡說明理由。大約九點的時候，我的專線電話響起。是史卡利亞大法官打來的。他跟我說的不是「看開點」，而是：「露絲，你還待在辦公室幹嘛？趕快回家洗個熱水澡吧！」真是個好建議，我馬上照辦。[7]

金斯伯格長史卡利亞三歲。馬蒂過世時，史卡利亞曾為她帶來不少安慰。不料，史卡利亞在二〇一六年二月猝逝。對金斯伯格來說，這猶如晴天霹靂。她說接到消息時，自己忍不住想：「應該是我先走才對。」[8]

❖ ❖ ❖

羅森　我們是因為歌劇而熟識的。那幾乎是二十五年前的事了，我那時是美國上訴法院法律助理，您則是那裡的法官。對於這樣一位望之凜然又卓然出眾的女士，我實在不知道該拿什麼當話題，所以我開始聊我打從心裡喜愛的東西，那就是歌劇。湊巧的是，您也非常喜歡歌劇。於是接下來幾年，我們因為熱愛歌劇、對歌劇無所不談，快速建立起友誼。我第一次見到您時完全想不到，這段緣分將來會發展成一起欣賞精采的《史加利亞／金斯伯格》。我完全沒想到後來會這麼好！

金斯伯格　喔，你還沒聽到我最好的一首詠嘆調呢。有幾個重要場景刪掉了，其中一幕是我穿破玻璃天花板，把史卡利亞大法官救出來，就好比《魔笛》（*The Magic*

Flute）裡的夜后一樣。

羅　您怎麼救的？

金　唱很多歌。我想我們把評論員那個角色的耐性都磨光了。

羅　這齣歌劇的劇情概要是：兩個性格很不一樣的人被關在最高法院的一個房間裡，一個浮誇，另一個非常內斂，他們必須找出彼此同意的憲法共識才出得去。

金　我們最後同意彼此有所不同。

羅　是，你們同意彼此有所不同。這齣戲的最後一句臺詞是：「我們不同，我們為一。」首先，這個理想的確令人動容，即使一個國家有黨派之爭、有政治對立，各方對憲法的理解也大相徑庭，但還是可以被憲法團結在一起。可是，這個盼望切合實際嗎？

金　我想是的。對我來說是這樣，對史卡利亞大法官來說也是如此。他被提名的時候，雖然大家都很清楚他的立場，他還是獲得一致同意。我被提名的時候也差不多是這樣——九十六票同意，三票不同意。可是現在不是這樣了。你難道不覺得我們應該設法找回以前的態度嗎？

羅　是啊，我非常認同您的看法，我想每個人都是。但我們該怎麼找回那種態度？我們該怎麼理解你們的友誼？你們為什麼能做到既對憲法有歧見，又因為對憲法的愛而團結？

金　我認為德瑞克．王將這件事掌握得非常好——我們都對憲法和最高法院的制度心存敬意。

羅　大家都想知道：兩位明明經常意見相左，是怎麼成為好朋友的？

金　我們在上訴法院時就是同事了。史卡利亞大法官有個特色——他這個人非常風趣。他們每年都會給大法官排名，比的是辯論時多有辦法讓大家笑。史卡利亞每次都拿第一，而我永遠是第九名。他就是有這個本事，有時候鬧得我……鬧得我得捏自己才止得住笑。

羅　你們也都喜歡歌劇，而且會一起跨年？

金　對。

羅　他怎麼看《史卡利亞／金斯伯格》那齣戲？

金　德瑞克一開始就問過他：「您介意我編這樣一齣戲嗎？」他說：「你的權利有第一修正案罩著。」

羅　看過之後呢？

金　我覺得他很喜歡，尤其是向他父親致敬那段，在蓋樓梯那首詠嘆調的段落。令人激賞的是，劇本裡的每一句話都有註明出自哪份意見書或哪篇文章。實在了不起，（德瑞克．王）做得真棒。

羅　的確了不起。歌詞也都是他寫的。您最喜歡哪幾句呢？

金　我喜歡一句談到憲法的……憲法和我們的社會一樣，也會演進。

羅　寫得真好。我從來沒想到有人能為克雷格訴伯倫案找到韻腳。那裡寫得真是漂亮。您的角色唱：

我們要挑些案子，
能造成廣大影響的案子，
迂迴一點也無妨。
對了！懷特納店裡有不能買酒的男生！
是的！我們該挑的就是克雷格訴伯倫！[iv]

金　你看，很多典故恐怕不太好懂，所以劇本才要出註釋版。那些都是一九七〇年代送到最高法院的案子。

羅　意見書的措辭有時很嚴厲，您也講過那真的是對事不對人。我印象尤其深刻的是卡哈特案，部分生產式墮胎法的案子。您的不同意見書寫得慷慨激昂，我看

iv 譯註：奧克拉荷馬州規定：男性二十一歲以上才能購買啤酒，但女性十八歲以上即可購買。酒商凱若琳．懷特納（Carolyn Whitener）遂與已滿十八歲、但未滿二十一歲的克提斯．克雷格（Curtis Craig）上訴最高法院，指控該法違反性別平等。

得非常感動，我相信很多人也是如此。最高法院的理由是應該要保護女性不做出錯誤決定，而您反對這種性別刻板印象。這麼直接地挑戰同事不容易吧？您好像真的很在意那個案子，那似乎違背了您一直以來的很多努力。

金 的確。但我可沒教訓另一方說「這種意見嚴重誤導」，或「這種意見不能認真看待」。

羅 那是史卡利亞大法官說的。

金 對。

羅 他說的是歐康諾大法官的一份意見書。歐康諾大法官回得很漂亮，她非常平靜地說：「棍棒加身能斷骨，寥寥數語不傷身。」

金 我從來沒在珊卓拉．戴．歐康諾的意見書裡見過那種謾罵。那種話離題了，無端讓人分心，所以我從來不用。

羅 《史卡利亞／金斯伯格》是怎麼誕生的？

金　德瑞克．王是個很可愛的年輕人，身兼作家、編劇和作曲家。他在哈佛主修的是音樂，也在耶魯拿了音樂碩士，然後他覺得自己多少該懂點法律。他是巴爾的摩（Baltimore）人，於是就近去讀馬里蘭大學法學院（University of Maryland Law School）。他在二年級時修了憲法學，讀了史卡利亞大法官的意見書，也讀了我的意見書，有些是主要意見書，有些是不同意見書。他覺得用我們兩個的不同觀點當題材寫歌劇會很有趣。一切就是這樣開始的。

羅　《史卡利亞／金斯伯格》聽起來就像一齣很精采的搭檔電影。[v]

金　它基本上是以《魔笛》為架構。史卡利亞大法官必須通過一些考驗，但他沒辦法一個人辦到，所以我和他一起接受考驗，好讓他順利過關。也許我把史卡利亞開場的第一句歌詞唸出來，你一聽就會懂了。

羅　那太好了。請。

v 編註：buddy movie，指的是劇中有兩個哥兒們結伴同行，並遇上一連串事件的電影。

金　那是他的憤怒詠嘆調，歌詞是：「這些大法官瞎了！／怎麼鬼扯這種胡話？／憲法完全沒這樣寫！」[vi]

羅　這個人實在很有才氣。我有在全國公共廣播電臺（NPR）聽過那齣戲的一小段，有句靈感很像是來自〈星條旗〉（The Star-Spangled Banner）的曲子：「喔，露絲，你識字嗎？你明明知道憲法怎麼寫的／但你竟無能推知原意還洋洋得意。」[vii]我記得幾年前我和一群法律助理聊過，那是您被提名之前的事了。他們說不久以前有人問史卡利亞大法官：「如果您流落荒島，您希望跟誰作伴？」他說露絲·拜德·金斯伯格。

金　這個嘛，畢竟競爭不太激烈。

羅　儘管兩位的憲法見解嚴重分歧，你們還是成為好友。這要如何維持？兩位在思考上和憲法上明明如此衝突，為什麼能保持這麼好的私交？

金　我想說的是，最高法院的特色之一是合議制。史卡利亞很愛講的一句話是「看開點」，如果我們沒辦法「看開點」，我們就做不了憲法賦予我們的任務。我們知道：就算我們對憲法的見解嚴重分歧，我們還是能信任彼此。我們對憲法有敬意，對最高法院也有敬意。我們都希望在自己離開的時候，最高法院還是像我們進來時一樣好。

其實我和史卡利亞大法官看法完全一致的案子也不少，只是媒體對它們不常報導。例如有個第四修正案的案子（馬里蘭州訴金恩案〔*Maryland v. King*〕），我和尼諾都持不同意見。那個案子的爭議點是：警察逮捕重罪嫌犯的時候，可不可以採集他們的DNA樣本？最高法院的主要意見是：現在的DNA就像以前的指紋，可以採集。史卡利亞的不同意見書說：DNA如今用來解決未能偵破的案件，效果非常好，但它的用途並非用來假裝確認被逮捕者的身分——被逮捕者已經遭到傳訊，我們已經知道他的身分了。此時採集DNA，是要用來調查他是否還犯下其他尚未解決的案件。要調查這個，好像是沒什麼不對，但問題是憲法保障我們不受無理之搜索，所以正常的規矩是：如果警察懷疑一個人犯罪，必須找治安法官，提出相信此人犯罪的相當理由（probable cause），拿到搜索

vi 譯註：這段可在以下網址音檔2:41處聽到：https://reurl.cc/n0aD8v。
vii 譯註：這段可在以下網址音檔2:59處聽到：https://reurl.cc/n0aD8v。

票。然而，當你們採集了DNA樣本、輸入電腦查詢、找出這個人還犯了什麼別的案子——也就是我們手上的這個案子時，這道程序被跳過了，就這樣連到一齣駭人的強暴案。

羅 我認為這是史卡利亞大法官最發人深省的意見書之一。太重要了。他對「寫下我等自由憲章的高潔之士」本該如何堅拒「皇家調查強取口供」寫出了很棒的意見。[viii]這是很重要的提醒：在收集沒有嫌疑之人的資訊之前，必須取得批准。史卡利亞大法官在那齣歌劇裡唱了不少普契尼的曲子。我很喜歡您的角色登場時配了《卡門》（*Carmen*）的音樂。

金 我喜歡最後那段二重唱：〈我們不同，我們為一〉。它想傳達的是：這兩個人對憲法的詮釋雖然不一樣，但還是可以彼此欣賞，更重要的是，他們對任用他們的機關心存敬意。

viii 譯註：作者引用的文字取自史卡利亞該份不同意見書。

CHAPTER 7
兩位首席
The Two Chiefs

在最高法院的前十二年，與金斯伯格共事的首席大法官是威廉．倫奎斯特。她稱他為「我的首席」，對他特別喜愛。「我當過律師、法學老師和法官，在我遇過的所有上司裡，威廉．倫奎斯特首席大法官無疑是最公正、也最有效率的一位。」二〇〇五年倫奎斯特過世時，她在悼文中寫道：「他讓我們所有人有紀律、守時間。」[1]

一位來自亞利桑那州的開明保守派，為什麼能讓這位紐約出身的公民自由主義者折服？如金斯伯格所說，部分原因是她敬佩倫奎斯特重視效率，從不言不及義，而且他分派最高法院意見書時相當公正（首席大法官的立場是多數派時，有權決定多數意見書由哪位大法官主筆）。金斯伯格欣賞他不以意識形態指派任務，而是把最有趣的案子交給上次準時完成意見書的大法官。她進最高法院時，歐康諾就告誡過她：要是在倫奎斯特下次分派任務前還沒交初稿，「你恐怕又會接到一件無聊的案子」。[2]那是因為，倫奎斯特給自己定了多數意見書初稿必須在十天內完成的期限，也用同一套標準嚴格地要求同事。對遲交意見書的大法官（例如慢得出名的哈利・布萊克蒙），他的懲罰方式是不指派他們新的任務，或是把大家最不想寫的案子交給他們。金斯伯格牢記歐康諾的建議，總是比其他大法官更快完成「回家作業」（她這樣稱呼自己的多數意見書初稿）。現在的她也同樣注重會議效率，嚴守工作期限。她還欣賞倫奎斯特另外一點：他每週兩次主持大法官閉門會議時，總是步調緊湊。他會按照資歷順序繞著座位迅速地請每個大法官陳述自己的觀點，不讓討論流於漫談。雖然有的大法官抱怨這種方式無法仔細推敲，可是金斯伯格很喜歡這樣。她總是想把握時間，專注而有效率地把工作做好。[3]

除了推崇倫奎斯特重視效率和公平分派意見書之外，金斯伯格也感謝他在她病癒期間流露的體貼與「仁心」。一九九九年，金斯伯格因大腸癌接受手術之後，「他在我最難熬的幾個禮拜指派輕鬆的工作給我，讓我自己決定什麼時候可以處理比較難的案子。他自己上個庭期才對抗過癌症，展現出堪稱典範的勇氣與決心，激勵了其他也在與疾病奮戰的人好好生活，盡己所能在工作時表現出最好的一面。」她在追悼文裡這樣寫道。她喜歡倫奎斯特的「冷面笑匠」風格，提到他以前的一件趣事：一九八六年，倫奎斯特獲任命為首席大法官的時候，有記者問他這是否是他畢生夢想的巔峰，他回道：「我不會這樣講。不過，人到六十一歲還有新的工作機會，的確不太常見。」[4]然而，一九九五年看到倫奎斯特改變裝束，她似乎還是和其他人一樣驚訝——他看了吉爾伯特與蘇利文的歌劇《愛歐蘭斯》（*Iolanthe*），很喜歡劇中的英國大法官服飾，於是也在自己的黑袍袖子上各加四條金條紋。「為什麼一個不喜歡華麗衣裝的男人，會想穿這樣的袍子呢？」金斯伯格自問自答：「用他自己的話說：他不想被女人搶風頭（歐康諾大法官有幾條漂亮的項鍊、幾條英式法袍領，還有一條法式褶邊領巾；我也會戴英式和法式蕾絲領巾，有時是一條法式加拿大風的領巾）。」

金斯伯格對倫奎斯特最敬佩的地方，是他願意對涉及性別歧視的案子改變想法。在她進入最高法院的時候，倫奎斯特是她在一九七〇年代就已舌戰過的三名大法官之一，而且她的很多重大訴訟案都遭倫奎斯特投票反對。在一九七三年的弗朗蒂羅案裡，金斯伯格主張軍方給軍眷的福利不應因性別而有差別待遇，最後成功說服最高法院，以八比一票贏得勝訴，而倫奎斯特正是那唯一的反對票。一九七五年的泰勒訴路易斯安那州案（*Taylor v. Louisiana*）也是如此。在這個案子裡，金斯伯格主張：將女性排除於陪審員候選人名單之外，侵犯第六修正案之要求公正陪審團的權利。最高法院以八比一票接受她的見解，唯一的反對票仍是倫奎斯特。此外，由於倫奎斯特信奉聯邦主義，在涉及性別歧視的重大案件中，他與他史丹佛法學院的老同學歐康諾之後也繼續一起反對金斯伯格的主張，包括在二〇〇〇年的美國訴莫理森案（*United States v. Morrison*）裡，最高法院以五比四票宣告聯邦政府的《防止婦女受暴法案》（Violence Against Women Act）部分無效，主要意見書便由倫奎斯特主筆。儘管如此，金斯伯格仍十分感念倫奎斯特在二〇〇三年的內華達州人力資源部訴希布斯案（*Nevada Department of Human Resources v. Hibbs*）中與她站在同一陣線，支持州政府員工依《家庭與醫療假法》要求損害賠償。此外，在對她意義最為深重的維吉尼亞軍校案中，倫奎斯特也贊成宣告只收男生的規定違憲，對此，她也始終銘感於心。

倫奎斯特於二〇〇五年因甲狀腺癌去世時，金斯伯格大法官悲痛萬分。約翰・羅伯茲於同年繼任首席大法官後，金斯伯格與這位新首席相處愉快，他對她亦頗為贊同，兩人彼此欣賞。在一九九〇年代，羅伯茲便常以律師身分來最高法院出庭，金斯伯格當時就對他評價很高。出任首席大法官後，羅伯茲也對金斯伯格堅持司法最小主義的聲譽有著深刻印象，他相信這有助於他說服同事共同趨向於限縮而一致的意見，避免爭議性的憲法問題。然而到了最後，羅伯茲法院還是做出一連串意見高度分歧的五比四裁定（金斯伯格認為它們被嚴重誤導），主要意見書不是由首席大法官、就是由甘迺迪大法官主筆，不同意見書則往往是由金斯伯格大法官自己主筆。這類案件包括二〇一〇年的聯合公民訴聯邦選委會案（*Citizens United v. Federal Election Commission*）（羅伯茲原本希望裁定更限縮），還有二〇一三年涉及投票權的謝爾比縣訴霍爾德案（*Shelby County v. Holder*）（金斯伯格認為這項裁定「妄自尊大」）。在二〇一二年的全國獨立企業聯盟訴西貝利厄斯案（*National Federation of Independent Business v. Sebelius*）裡，看到羅伯茲加入保守派大法官陣營，認定國會無權以憲法商業條款通過《平價醫療法》，金斯伯格相當失望（雖然羅伯茲後來改變投票意向，並支持《平價醫療法》所收的費用可以視為稅收，仍未能完全消除金斯伯格的憂心）[i]。不過，

i 譯註：詳見第九章。

金斯伯格和羅伯茲一樣，也致力於維持最高法院的跨黨派合法性；在兩黨政客攻擊司法獨立時，她也一定與首席大法官同聲譴責。

❖ ❖ ❖

羅森 您過去很推崇倫奎斯特首席大法官。羅伯茲接任首席大法官後，最高法院有什麼變化嗎？

金斯伯格 我很喜歡老首席，我也敬佩現任首席，他是辯論技巧超凡的律師，以前就是最高法院言詞辯論庭的常客。他總是準備得非常充分，陳述時卯足全力，對最高法院的提問也回答得十分敏捷。如果要談改變，我想到的是稅務律師的術語：從羅伯茲到倫奎斯特，最高法院的變化是「同類交換」（like-kind exchange）。現任首席對言詞辯論比較有彈性一點，就算發言時間到了，他也不會中途打斷律師或大法官。我們開會的時候也是這樣，他對交叉討論的時間放得比較寬。裁定方面的變化不大。我希望現任首席年紀更長之後，也能像二〇〇三年支持《家庭與醫療假法》的倫奎斯特法官一樣。他七〇年代初進入最高法院的時候，你絕對想不到他有一天會寫那樣的意見書。另外，雖然倫奎斯特首席大法官不滿意米蘭達案的裁定，可是米蘭達警告已經成為警察的文化，對此他也決定接受，沒有推翻它。

羅　不過，在羅伯茲首席大法官任內，還是出了一些重大的五比四裁定，包括好必來案也是如此。在這個案子裡，您批評您的男同事對女性議題有「盲點」。我想問的是：有鑑於現任首席大法官比較樂見大法官們意見一致，您對這些案子提出的不同意見是怎麼被接受的？

金　我的回答是：和史卡利亞那些引人注目的不同意見書一樣。至少不會比他的不受歡迎。

羅　共識的概念已經廣受討論，而羅伯茲首席大法官就任時講過，他希望最高法院能有更多共識，更少五比四裁定，然而結果差強人意。這個庭期稍好一點，五比四的案子只占一成五，不過大法官們有時候還是話說得很重。羅伯茲首席大法官能達成提高共識的願望嗎？另外，共識是否是好事呢？

金　他說希望提高共識的時候，我不認為他是指他或我們之中的任何人應該放棄自己堅守的論點。最高法院和立法機關不一樣，我們不會因為想要達成某種結果而以某個特定方式投票。我們必須為我們做的一切負責，而負責方式就是提出理據。所以，最高法院絕對沒有利益交換。可能發生的情況是我們不對重大議題做出裁定，只設法在較低的層次或程序議題上尋求共識。珊卓拉・戴・歐康諾大法官在這方面是高手——她總是能讓我們在彼此都能同意的基礎上團結一致，把較大的爭議擱到日後。

羅　她確實是高手。您也不遑多讓，一直以漸進、限縮、克制的裁定聞名。不過，最近幾個庭期有很多裁定並不是限縮的。像聯合公民案，它的裁定原本可以非常限縮，結果卻很寬。您認為首席大法官真的有心限縮裁定嗎？

金　我沒辦法回答這個問題。多數大法官認為聯合公民案是很基本的第一修正案議題，盡快裁定比晚裁定好。但你說得沒錯，它原本可以裁定得更限縮。我們那個庭期一開始就做出這個五比四裁定，如果你去看我們的意見書，我想你會發現兩方的論點都很不錯。

我想我該解釋一下最高法院的運作。最高法院開庭的時候，我們一開就是兩個禮拜。我們禮拜三下午見面開會討論禮拜一早上的案子，禮拜五早上討論禮拜二和三的案子。一開始由首席摘要說明一個案子，並表達他暫訂的投票意向。等我們全部講完自己的看法之後，首席大法官會給我們回家作業——就是主要意見書交給誰寫的意思。如果首席大法官不在多數意見之內，就由多數派最資深的大法官寫意見書。有時候多數和少數會逆轉，主要意見最後和一開始開會的投票結果不同，這種情況一個庭期可能遇到兩次，所以不到最後，誰也不能確定是哪一方勝出。為了讓你更清楚整個狀況，我舉個例子給你聽：我記得有一次開會時是七比二票，我是那兩票之一，被指派寫不同意見書。可是大家完整討論後，票數變成六比三，而變成六票的是我那兩票。因此，我們會一直說服彼此，過程主要是透過寫意見書。有時候，大法官讀完另一方的意見書之後會說：「我覺得對方講得對，我決定改投他們。」這樣的情況確實會發生。

羅　我們來談談倫奎斯特首席大法官，他對性別議題的立場有了些改變。您是怎麼說服他的呢？或者說，他是怎麼被說服的？

金　人只要活著就會學習。最好的例子是《家庭與醫療假法》那個案子，他裁定支持這部法律。首席有兩個女兒、兩個孫女。也許孫女不只兩個，但他最大的孩子生了兩個孫女。我想他很寵愛那幾個女孩。他女兒珍內特（Janet）離婚的時候，我想他可能覺得女孩們，她女兒的女兒們，成長過程裡不能沒有男性的角色。可是沒人注意到這個部分……所有來過最高法院、和首席打過交道的人，從來都沒能體察他對那兩個孫女的真誠摯愛，也看不到女孩們有多愛他。

羅　要是用那齣歌劇裡史卡利亞大法官的臺詞來說，我會說，這完全不妥——「憲法完全沒這樣寫」。法律本該忠於原始意義，不應演進，不應變化。為什麼首席大法官應該考慮他女兒的想法，或是他孫女的未來？對於一個大法官而言，這樣做恰當嗎？

金　我想這代表的是社會的變化。父母對女兒的期望有了變化，或者開始懂得支持女兒的心願。

羅　我想請教一個很難回答、但大家都想知道答案的問題：最高法院怎麼將社會變化納入考量？

金　如果拿《家庭與醫療假法》這個案子當例子，其實不難。因為這部法律是國會通過的，而控方挑戰的是國會權威，說國會逾越聯邦政府職權。所以首席要解釋為何這部法律規範的是全國性事務，而聯邦政府有權處理。

羅　您一九七〇年代打憲法官司的時候，倫奎斯特大法官常對您的案子投反對票，而您總是表現得不慍不火。

金　是啊，因為我想勝訴。我後來愈來愈喜歡我們老首席，在他支持《家庭與醫療假法》之後尤其如此，但我最後一次打憲法官司時是一九七八年秋天的事了。[ii]那個案子是關於女性能否豁免擔任陪審員。現在年輕一輩知道的話大概會很震驚，還不久以前，女人要嘛是不會被選為陪審員候選人——如果她們想當陪審員，可以主動表達意願，但除此之外她們不會被叫去擔任陪審員——要

ii　譯註：這個案件是杜倫訴密蘇里州案（Duren v. Missouri）。金斯伯格主張：密蘇里州只讓女性豁免陪審員之責，不僅是輕視女性擔任陪審員的價值，也等於歧視不得拒絕擔任陪審員的男性。金斯伯格在本案中勝訴，對裁定提出不同意見的只有倫奎斯特。

嘛就是即使成為陪審員候選人，她們還是可以豁免。

到言詞辯論時，我和密蘇里州堪薩斯城（Kansas City）的一位公設辯護人分別發言。我有十五分鐘，講完後我信心滿滿，覺得想講的都已經講了，正要坐下，沒想到倫奎斯特大法官說話了：「所以，蘇珊・安東尼（Susan B. Anthony）的頭像都要放上新美元了，[iii]金斯伯格女士你還不滿意？」首席大法官伯格出來講了幾句話打圓場，辯論就這樣結束了。坐在回聯合車站（Union Station）的計程車上，我才想到：「唉！可惜剛剛反應不夠快，應該這樣回才對：不，庭上，我的確不滿意，只有硬幣是不夠的。」[iv]

離現在不算多久以前，紐約和華府的社交俱樂部大多只收男性。所以了，那些社交俱樂部每次邀我去演講，我都說：「我不去不收我當會員的地方演講。」有的俱樂部還相當傑出呢。像美國法律協會（American Law Institute），他們每次在紐約開會，晚宴地點都選在世紀協會（Century Association）。我寫了篇文章說明為什麼不該選那裡，大多數人同意我的看法，但有些人不同意。法律協會改去哈佛俱樂部（Harvard Club）後尤其如此，因為那裡的餐點和世紀協會完全不能比。

我第一次和只限男性的地方交手，是我先生在紐約一家法律事務所工作的時候。那家事務所過節時選在一家不讓女性加入的俱樂部辦宴會，女律師們也表達過挑那裡不恰當，但他們不聽。於是，女律師們第二年集體不出席宴會。後來那年，他們就改在對男女一視同仁的地方辦宴會了。

羅　以前居然不讓女人參加宴會或加入俱樂部，現在回頭看到以前的世界如此不同，實在令人感到不可思議。這在您看來算是進步非凡了嗎？還是還不夠呢？對於從過去到現在我們所取得的進展，您有什麼樣的評價嗎？

金　我覺得進步很大，這也是為什麼我對未來還挺抱希望的。四處都看得見改變的跡象。也是因為這樣，我想競選公職的女性會比以往都更多，不管是地方、州或聯邦層級都是如此。我被提名現在這份好工作的時候，參議院意識到司法委員會一個女性也沒有，所以他們特地為我的提名增加兩名女性，而在那以後，他們再也沒有變回全是男性。

iii 譯註：蘇珊．安東尼是美國民權運動領袖，在十九世紀美國女性爭取投票權的運動中扮演了關鍵角色。她的頭像會在一九七九年鑄上一美元硬幣，後來停止發行。

iv 編註：金斯伯格在此語帶雙關，token 除了代幣，也有意思意思充場面之意。

CHAPTER

8

當異議引爆迷因

When a Dissent Sparked a Meme

對於自己竟然變成法界名人，金斯伯格大法官從很久以前就一直表示訝異。在一九九六年的一次演講中，她把這種人生轉變與維吉尼亞．吳爾芙（Virginia Woolf）的小說《歐蘭多》（*Orlando*）相比較：歐蘭多原本是男人，一天早上醒來卻成了女人，後來以女人身分過了幾百年。「看著鏡子裡的自己，歐蘭多並沒有感到不悅。」金斯伯格說：「『人還是同一個，』她說：『只是變成另一個性別！』不過，她的人生從此截然不同。雖然她在心靈上仍是同一個人，但因為她成了女人，所以世界對待她的方式也不一樣了。」金斯伯格說自己的情況則是私事被公開攤在眾人眼前，「什麼小事都在眾目睽睽之下。在參議院確認我的大法官提名之後，我同一個月就登上

《紐約時報》時尚版，還進入《時人》（*People*）雜誌的『全美最糟穿搭』名單」。她說：「有媒體報導我在戲院播預告片時用手電筒看郵件，於是全國各地的好心人紛紛出手，我收到了五、六個口袋型手電筒。」[1]

不過，與她後來在網路上的高人氣相比，一九九〇年代的媒體關注只是小菜一碟。二〇一三年夏天，她先是在網路上戲劇性爆紅，後來又成為全國偶像。那年七月，紐約大學法學院學生莎娜·尼茲尼克（Shana Knizhnik）在Tumblr上建了部落格「聲名狼藉的R. B. G.」（Notorious R.B.G.）。六月的時候，金斯伯格為謝爾比縣訴霍爾德案寫下不同意見書，尼茲尼克讀了深受啟發，在這個新部落格上引述了她的句子：「預審（preclearance）過去有助於杜絕歧視性變更，現在也依舊如此。在這種情況下取消預審，就好像你因為沒被暴雨淋溼就扔了雨傘。」[2]在這個案子裡，最高法院以五比四取消《投票權法》（Voting Rights Act）第五節，金斯伯格在意見書裡力表反對。依照該條原本的規定，有投票權歧視歷史的州在任何改變選舉的規定生效之前，必須得到聯邦政府核准，或「預審」。尼茲尼克說，部落格名稱的靈感來自於饒舌歌手「聲名狼藉先生」（Notorious B.I.G.），她之所以想建這個部落格，是有感於「金斯伯格挑戰了刻板印象——大家以為她是溫良恭儉讓的老奶奶，結果她是老奶奶沒錯，可是她強悍得很，她就是她，覺得做自己沒什麼好抱歉。」[3]部落格爆紅後，尼茲尼克又與記者依琳·卡門（Irin Carmon）合寫《聲名狼藉的RBG：露絲·拜德·金斯伯格的人生與時代》（*Notorious RBG: The Life and Times of Ruth Bader Ginsburg*）。卡門說，金斯伯格「讓女性得以想像另一種樣貌的權力，得以看見一位應該早已過了被社會關注的年齡的、有權力的女性」。[4]

隨著金斯伯格的名氣愈來愈大，她寫不同意見書的筆調也愈來愈重。「我擔心最高法院已經闖進地雷區。」在好必來案的不同意見書中，她這樣寫道。在這個案子裡，最高法院以五比四票同意雇主以法律規定與自身信仰衝突為由，豁免法律責任。金斯伯格反問：「如果雇主以宗教為由反對輸血（耶和華見證人）、反對抗憂鬱藥（山達基教會）、反對由豬隻提煉製成的藥品，包括麻醉藥，靜脈輸液和明膠膠囊（部分穆斯林、猶太教徒和印度教徒），以及反對疫苗……是否也要進一步擴大豁免範圍？」[5]

二〇一四年九月，在部落格將她捧上神壇一年後，我又得到一次訪問她的機會。在對談中，我問了我身為朋友和記者最感驚訝的問題：從一九九〇年代開始，她在演講中不斷強調禮貌和合議的重要性，給人的印象也一直是內斂的司法最小主義者、法官中的法官，現在是如何搖身一變，成了反對派的激進領袖？她堅稱變的不是她，是二〇〇六年歐康諾大法官退休後的最高法院變了。而隨著她發現自己愈來愈常成為反對派，她覺得自己有義務明確表達異議。二〇〇七年春，金斯伯格首先接連提出兩份廣受矚目的不同意見書——一件是岡薩雷斯訴卡哈特案（最高法院以五比四票支持聯邦政府的部分生產式墮胎禁令），另一件是萊德貝特訴固特異輪胎橡膠公司案（*Ledbetter v. Goodyear Tire and Rubber Company*）（最高法院以五比四票裁定一名女員工太晚提出申訴，無法獲得聯邦法律規定的歧視賠償）。對很多人來說，大反對派「聲名狼藉的RBG」是從這兩個案子開始登上舞臺，但金斯伯格也指出，二〇一〇年是另一個轉捩點——約翰．保羅．史蒂文斯大法官在那一年退休。

想知道金斯伯格的角色發生了什麼變化，回顧一下最高法院分派主要意見書和不同意見書的方式可能會有幫助。如金斯伯格在前一章所說的，在最高法院開庭期間，大法官們一週開兩次閉門會議，投票決定該審理哪些案子，還有已經討論過的案子該怎麼裁定。閉門會議時，只有這九位大法官可以進會議室。大法官們會依資深順序一一發言，首席大法官最先表達意見，最資淺的大法官則是最後一個發言，然後大法官們投票。如果首席大法官是多數（亦即其他大法官至少有四名同意他的立場），他可以自己寫主要意見書，或是指派另一位大法官寫。如果首席大法官是少數，那麼多數派的資深大法官將發揮影子首席的功能——她可以自己寫主要意見書，或是指派最能反映多數派見解的大法官來寫。金斯伯格大法官告訴我：史蒂文斯大法官退休之後，她成為最資深的自由派大法官。在自由派是少數時，她總會試著說服自由派同事統整見解，以便強化說服力道，讓大眾更容易接受他們的看法。所以這類案例常常會有一份主要的不同意見書，由金斯伯格主筆，其他三名自由派大法官全部加入。

不過，角色上的變化並不完全能解釋金斯伯格的轉變。在幾個全國高度關注的案子上，比較務實的自由派大法官（艾蓮娜．卡根和史蒂芬．布雷耶）會願意與首席大法官羅伯茲折衝，達成接近中間的妥協立場。以「《平價醫療法》案」（即全國獨立企業聯盟訴西貝利厄斯案）為例，卡根和布雷耶與保守派大法官站到同一邊，主張擴大政府醫療補助計畫違憲。但他們同意羅伯茲的看法：如果擴大計畫對州政府來說是選擇性而非強制性的，就不違憲。相反的，金斯伯格和索托瑪約兩位大法官卻不這樣看，她們堅持強制性擴大窮人醫療補助計畫合憲。另一個例子是二〇一八年的川普訴夏威夷州案（*Trump v. Hawaii*），最高法院以七比二票支持川普總統的旅行禁令。卡根和布雷耶同意保守派大法官的見解，金斯伯格則加入索托瑪約大法官的不同意見書。此外，在傑作蛋糕店訴科羅拉多民權委員會案（*Masterpiece Cakeshop v. Colorado Civil Rights Commission*）裡，最高法院以七比二做出限縮裁定，支持蛋糕店老闆以第一修正案拒絕為同志伴侶製作婚禮蛋糕。金斯伯格提出不同意見書，而索托瑪約加入。

被任命為大法官之前，金斯伯格不時表達對不同意見書的關切，並強調司法一致性和合議性的重要；但由於她近年和索托瑪約一樣，較不願意像更溫和的自由派大法官那樣尋求中間妥協立場，反而比較傾向寫個別不同意見書，所以，說她從過去到現在已逐步轉變，似乎也是持平之論。被提名為大法官前，她曾在一系列文章中提出諫言：上訴法院太常提出個別意見書有損威信。[6]在一九九〇年的文章〈評個別意見書〉（Remarks on Writing Separately）裡，她也表達對大法官們提出太多個別意見書的憂心。她認為這種作法不利維持最高法院裁定的明確與穩定。[7]在一九九二年於紐約大學的麥迪遜講座中，她也講過：在上訴法院「合議庭意見一致時，為鼓勵簡潔和速度，標準作法應該是以法庭的名義（per curiam）發布裁定」——也就是說，「不點名意見書作者」。[8]她贊同路易斯・布蘭迪斯（Louis Brandeis）[i]大法官的看法：如果案子牽涉到她所說的「龐大的憲法問題……最好能明確解決爭議，意見書以一份為宜」。在她獲得任命之前的其他文章裡，她強調中庸和合議的重要性，認為法官最好能具備這些特質。在此同時，她也強調跨越黨派歧見以維持公正的重要性。[9]

金斯伯格自陳，她之所以開始在五比四裁定中表達強烈異議，是因為最高法院日趨保守，不願致力維護她認為必要的合議精神或做出妥協。不過，她始終不曾口不擇言。一九九二年時，她曾引述法學家羅斯科・龐德（Roscoe Pound）的話，說：不同意見書的作者若「過度貶抑同仁，惡言批評判決，質疑多數意見動機不正，或暗示（其他法官）無能、失職、偏狹、愚鈍」，[10]會破壞大眾對法庭的尊重。在她從司法最小主義者轉變成「聲名狼藉的ＲＢＧ」之後，她也秉持這項原則，並未被她的稱號沖昏頭。

不過，金斯伯格現在相信：不同意見書的價值，是說服未來的世代導正切身的不義。「不同意見書面對的是未來。」二〇〇二年，她對全國公共廣播電臺記者妮娜・

i 編註：前美國最高法院大法官，一九一六年獲威爾遜總統提名，任期直到一九三九年。是第一位擔任此職的猶太裔人士。

托騰堡（Nina Totenberg）說：「最偉大的不同意見，有一天真的會成為法庭裡的主要意見。異議者的見解會隨著時間逐漸成為主流。所以這就是異議者的希望：他們盼望自己為明日而寫，而非為今日而爭。」[11]在二〇〇七年為萊德貝特案寫的不同意見書中，她進一步強化了這個觀點。在本案中，最高法院以五比四票裁定固特異公司員工莉莉・萊德貝特（Lilly Ledbetter）敗訴，認定她沒有在國會規定的時效內提出性別歧視申訴，無法獲得賠償。金斯伯格在不同意見書中批評多數意見對法律詮釋「狹隘」，忽略聯邦反歧視法的宏大目標，呼籲國會推翻這項判決。二〇〇九年一月，國會回應金斯伯格的訴求，通過《莉莉・萊德貝特公平工資法》（Lilly Ledbetter Fair Pay Act），是歐巴馬總統上任第一天便予簽署的法案。

❖ ❖ ❖

羅森　您喜歡歌劇是出了名的，但您最近在網路上因為另一種音樂出了名。現在，網路上到處看得到「聲名狼藉的RBG」的T恤。所以我想問的第一個問題是：您知道誰是「聲名狼藉先生」嗎？

金斯伯格　我的法律助理跟我講過。不過這種T恤之前就有了，最早是布希訴高爾案的時候，有人把我的照片印在T恤上，底下寫「我反對」(i dissent)。現在模仿「聲名狼藉的RBG」的T恤很多，有一款是謝爾比縣案之後跑出來的，上面寫「我愛RBG」。

羅　還有一種是「露絲．拜德．金斯伯格會怎麼做？」[ii]

金　我也看過另一種，寫的是「沒有Ruth就拼不出Truth」。

羅　一夕之間變成網紅，您的感覺是？

金　我孫子孫女好得意。我自己則是非常驚訝：我都到了這麼大年紀——我已經八十多歲了——怎麼還有那麼多人想拍我的照片？

羅　您被任命的時候，很多人說您是司法最小主義者，說您作風非常謹慎。只有在

ii 譯註：這裡的哏是基督教靈性復興運動「What Would Jesus Do」，參與者常將這句話縮寫成WWJD，製成手環之類的飾物。

金　最近這幾年，您真正找到了自己的聲音，成為自由派偶像級人物。您為什麼會有這樣的改變？

傑夫，我不覺得我變了。我也許不像剛當上大法官時那麼謹小慎微，但真正改變的是最高法院的成員結構。你回想一下二〇〇六年，歐康諾大法官退休，幾個月後她的位子被補上。有些案子大法官們意見分歧，投出來是五比四票，而我是那四票之一；可是如果歐康諾大法官還在，我本來會是五票那方。所以我不覺得是我的法律思考變了，而是最高法院對提交上來的案子看法不一樣了。

羅　不過，您過去幾年似乎真的很憤慨。您給人的感覺像路易斯・布蘭迪斯。在謝爾比縣案對《投票權法》動手的時候，您在意見書裡用了「妄自尊大」這個入木三分的詞，您還用了「雨傘」、「淋濕」等絕妙的比喻。我想問的是：您最近表達看法的方式比以前重得多，是什麼因素給您這股勇氣，或者說讓您放下顧忌？

金　我有個好榜樣。我在最高法院的大部分歲月，約翰・保羅・史蒂文斯大法官都是最資深的。意見分歧成五比四票的時候，四票那方最資深的是他。他指派不同意見書很公平，但重大案件多半親自主筆。我現在也設法做到公平分派，所以不會把枯燥的全交給一個人，有趣的全交給另一個人。但我想，對於備受關注的案子，我也多半是自己寫不同意見書。

羅　所以這真的是您的角色發生改變的問題。如您所說，身為資深大法官，您有權力在自己是多數時親自寫意見書，或是指派您認為最能勝任的大法官來寫。當您是少數時，您可以親自寫主要不同意見書，或指派您認為合適的人。您怎麼運用這份權力的呢？您會盡力促成意見一致嗎？您會不會設法說服四名不同意見者加入同一意見？

金　會。在審《平價醫療法》案時，我就找過他們一起開會。光是為了談不同意見書該怎麼寫，我們就開了將近三個鐘頭的會。我請同事們把自己想到的建議全講出來。在我讓全體大法官傳閱我的初稿之前，我先請他們看過。如此一來就能確保我講的不只是我自己的意見，而是我們四個人的意見。我想對大眾來說，瞭解一份不同意見書比瞭解四份容易得多。所以我們會盡力統整意見，不零零星星分開來寫。雖然有時候難免會各自表述，但這種情況並不常見。我們大多數時候能合作成功，完成一份把每個人的看法都表達出來的不同意見書。

羅　換言之，您的理想狀況是四個自由派聯合起來，一起對抗五個保守派，這和羅伯茲首席大法官的目標很不一樣。他上任時就強調意見一致的重要，也試著說服同事達成限縮、一致的意見，以避免五比四的結果。因為他認為這種分裂讓最高法院顯得政治化，這樣對最高法院不好，對國家也不好。這種看法站得住腳嗎？他有沒有成功過呢？這切合實際嗎？還是最高法院對重大問題會繼續對立，五比四的結果難以避免？

金　他勾勒的願景的確令人神往——事實上，在他就任後的第一個庭期，最高法院出奇一致。原因很清楚：羅伯茲首席大法官的第一個庭期，也是珊卓拉·戴·歐康諾大法官的最後一個庭期。她的最後一年，他的第一年，最高法院那年比以往都要一致。有件事我講過很多次了，有去查的人一定知道我說的是真的：在她離開我們那年，每個我在四票那方的案子，要是她在，我就會是五票那方。所以，她的離開真的讓最高法院變得很不一樣。

羅　您勸過持不同意見的大法官不要分開來提意見書？

金　對。

羅　為什麼？

金　布希訴高爾案那種經驗我絕不想再碰到一次。最高法院的結果是五比四，而個別不同意見書也有四份，讓媒體相當混淆。事實上，有的記者還把結果報成七比二。如果當時時間充裕，我們四個就能先好好商量，那樣也許可以統整出一份不同意見書，《美國最高法院判例彙編》（*U.S. Reports*）就不必用那麼多頁刊我們的個別意見書。

羅　一般來說，您比另外幾位同事更不願意妥協。這是您有意為之嗎？

金　在布希訴高爾案裡是這樣沒錯，更近一點的好必來案也是如此。審好必來案的時候，布雷耶和卡根兩位大法官說：對營利事業自由行使的權利，我們還是不採取立場為宜。

羅　所以他們另外寫了一份不同意見書。

金　我稍微說明一下。我們幾個都同意最重要的部分：不論一家公司是獨資企業、合夥公司或股份公司，簡要地說，都有言論自由和宗教自由的權利，可是這份權利也有一個重要限制——用撒迦利亞・查菲（Zechariah Chafee Jr.）教授的話來說：「揮拳頭的權利止於打到別人鼻子。」（查菲自一九一六年起於哈佛法學院任教，直到一九五六年。）我要強調的是：我們沒有一個人質疑好必來公司老闆對信仰的真誠。這點毋庸置疑。可是，經營營利事業的人不能把個人信仰套用到職場，逼並不接受這種信仰的員工配合。

羅　聽您講平等權從憲法修正案、民權運動到國會立法一路擴大的故事，我開始瞭解您對某些案子的不同意見書為何如此熱情激昂，像投票權的案子、優惠性差別待遇（affirmative action）的案子，還有健保的案子。我們來談談投票權案那份不同意見書，您的遣詞用句令人難忘。您說：「早年對抗此等卑劣進犯的努力，猶如與九頭蛇鏖戰——每看出一種投票歧視並加以禁止，就一定有別種形式的歧視原地冒出。」在謝爾比縣訴霍爾德案時，最高法院廢止《投票權法》第五節才幾個小時，德州就決定實施投票查驗證件的規定。[iii] 您對這種發展意外嗎？

金 我不意外。這比喻就是現成例子，我說我們因為自己沒有淋溼就扔了雨傘，但暴雨沒停。我就知道會發生這種事。投票查驗證件、早早結束投票、把投票所安排在不方便的地方：現在要問的問題是怎麼辦。

羅 《投票權法》的第二節和第三節還在，您認為它們仍可以發揮補救作用嗎？還是最高法院也會刪掉它們？

金 我沒辦法預測最高法院會怎麼做，但我們或許應該有所解釋。第三節是「納入」

iii 譯註：最高法院判決出爐之後，不到一天，德州立刻修法強化證件查驗，要求選民在領票時出示具有照片的身分證件，避免選票舞弊，之後密西西比州、北卡羅來納州也跟進。目前有三十四個州必須出示證件，其中十六個州要求證件上必須有照片。美國有百分之十一的成年人沒有政府核發的有照片證件。因為美國沒有統一的國民身分證，最常見用來證明身分的是駕照，但若沒錢買車，就沒有駕照。如果要為了投票申請身分證明，則必須提供出生證明或健保資料等，如果是少數族裔、貧窮者和年長者，在資源匱乏或語言隔閡的阻礙下，提供資料相對困難，來回往復的申請程序和規費也是一種負擔。若硬性規定選民一定要出示有照片證件才能投票，等於剝奪他們的投票權。

條款（"bail-in" provision）。那是我認為《投票權法》合憲的原因之一。假設有個州是一九六五年時不讓非裔美人投票的州之一，但這些年來它已有所改變，不再因為種族的關係不讓某些人投票，如果它十年來都沒有不良紀錄，就能豁免《投票權法》的要求。另一方面，假設有個州原本並不是變更投票規則時需要預審的那種州，但如果得到授權，也可以將那些州或區納入預審。所以，我們有辦法把不再屬於歧視地區的政治單元體（political units）拿掉，也有辦法把變成歧視地區的政治單元體加進去。這是國會提供的機制。可是，我不認為主要意見書有提到這些豁免和納入條款。

羅　要將州納入歧視地區之前，必須證明它們是故意歧視（intentional discrimination），可是法院把故意歧視的構成要件訂得很嚴。也因為如此，被納入歧視地區的州很少，相關訴訟恐怕也難以成功。

金　沒錯。這個部分我們可以繼續觀察。

羅　第二節對故意歧視的標準也定得很高，雖然國會試過將標準降低，但最高法院也擋下來了。那同樣也是一場硬仗。

金　國會說即使你無法證明故意，但實際上有歧視效果，就是歧視。最高法院會怎麼回應這種主張仍是懸而未決。

羅　但如您所說，您的不同意見書強力申論的是第五節的必要。國會的結論很合理：聯邦政府預審是必要的，因為除非能預先防範第二代新形式的投票歧視，否則您口中的九頭蛇一定捲土重來。請和我們多談一談這個部分。

金　沒錯，最初的投票歧視使用的手段和現在的形式不一樣。一開始是肆無忌憚的，根本不掩飾意圖。以前的讀寫能力測試——嗯，就只是為了排擠黑人選民，就算你能去登記投票，都還會有人攔著你。是那段粗暴的日子催生了《投票權法》。然後，後來那些赤裸裸的投票歧視漸漸消失，但更細膩的投票歧視隨之浮現了，例如把投票所設在弱勢選民不便前往的地方、延遲開始投票的時間卻提早結束、讓有工作在身的人難以抽空前往投票所，也包括重劃選區等等。更加細膩而老辣的新手段取代粗糙的舊手段。這些手段現在正在一一出現，我們都看得見。

羅　您也用強而有力的論證指出：按照制定第十四和十五修正案的人的本意，投票權的主要守護者是國會，而非法院。

金　沒錯。你可以做個比較。比方說，第一修正案說的是「國會不得制定法律」，意思就是「國會不可插手」。可是你看內戰之後制定的第十三、十四和十五修正案，最後寫的都是「國會有權以適當立法強制執行本條規定」。換句話說，憲法不只用否定的方式規範立法機關不能做什麼，也以肯定的方式賦予立法機關落實修正案的權力。

羅　您也批評過最高法院在謝爾比縣案裡擴大解釋了西北奧斯汀案的意見書。在幾年前的西北奧斯汀市政公用事業第一區訴霍爾德案（*Northwest Austin Municipal Utility District No. 1 v. Holder*）裡，最高法院避免對《投票權法》做出憲法裁定。那是羅伯茲首席大法官透過限縮裁定避免憲法衝突的例子。但現在回過頭看，您後悔那時支持西北奧斯汀案的裁定嗎？

金　我還是認為西北奧斯汀案的裁定是正確的。那個水區（water district）沒有歧視紀錄，可是它所在的州有。最高法院對《投票權法》的詮釋是：區、自治行政體

（municipalities）和縣可以豁免。所以如果你是一個仍持續有歧視紀錄的州的一部分，可是你所在的區域沒有歧視紀錄，你的區域可以豁免。西北奧斯汀案建立了範例，確認小的政治單元體可以獲得豁免，這是好事。那個案子的意見書是首席寫的，但裡頭使用的文字讓我們幾個同事縈繞於心，總覺得裡頭有些地方會出問題。

羅　您說過羅伯茲法院正蛻變成歷史上最偏向司法積極主義的最高法院之一，您這句話的意思是什麼？

金　我想我該先定義我那句話裡「積極主義」（activism）的意思，因為那正是我言下之意：現在的最高法院對推翻國會通過的法律毫無顧忌。我舉兩個近來很受關注的判例當例子。首先是《平價醫療法》，國會已經通過這部法律，但最高法院——好吧，法院認為國會用憲法商業條款立這樣的法，太超過了。感謝老天，好在國會有課稅權，這個案子才沒有一敗塗地。不過，看到最高法院迅速推翻一條依商業條款所立的法——購買保險當然是商業行為——我還是非常吃驚。第二個例子是謝爾比縣案，這是我覺得最糟的判例。《投票權法》修正案在國會獲得壓倒性支持，我記得參議院是一致通過，眾議院是三百三十多票通過。要說哪些人最瞭解《投票權法》、最清楚它對整個制度影響多大，我會說最有判斷力的是民選的代議士，而不是非民選的法官。然而，儘管國會以壓倒性多數通過了《投票權法》，最高法院竟然說：不用了，這些規定過時了，國會議員你們再回去好好討論吧。《投票權法》最初是在一九六五年詹森任內制定的，尼克森（Nixon）、福特（Ford）和兩位布希總統任內也都有修訂，可是最高法院說：以後不需要了。所以了，這就是政界人士比最高法院更懂這條法律牽涉到的議題，但結果最高法院卻廢了它的好例子。

羅 我想用這個問題作結：您認為您的不同意見將來會變成最高法院的主要意見嗎？還是相反——優惠性差別待遇會失敗、競選經費會進一步不受限制、羅訴韋德案會被推翻？您認為自己將來會成為多數派，還是會繼續當個少數派？

金 國會有時候幫得上忙。當涉及憲法解釋，一個案例之間是會有所差別的，當最高法院說在這裡憲法是什麼意思，憲法就是什麼意思，除非它有一天推翻自己的裁定或出現憲法修正案。但是當問題與制定法有關時——比如說《民權法案》

第七章，我們最主要的就業歧視法——如果最高法院錯了，國會可以改過來。所以，我進最高法院以後最欣慰的事情之一，是莉莉．萊德貝特案的後續發展。我的不同意見書簡單來說就是：「國會，我的同事真的誤解了你們的意思，請講得更清楚一點吧。」結果國會兩年不到就回應了。那個案子的原告是固特異公司的一名女性區經理，在她之前，那個職位都只交給男性。莉莉．萊德貝特在那裡工作十多年後，有人放了張文件在她信箱，上面全是數字。原來那是莉莉和做過同一份工作的男性的薪水，連最資淺的男性都比莉莉賺得多。所以她用《民權法案》第七章提出訴訟，說：「這是歧視我吧？」陪審團同意，她扎扎實實贏了官司。結果送到我們最高法院後，我們說她太晚提告了。《民權法案》第七章說你該在歧視情事發生的一百八十天內提出告訴，而這件薪資歧視早在七〇年代就已開始。我們設身處地為莉莉．萊德貝特想想：首先，雇主根本沒有提供薪資資訊，她怎麼知道自己賺得比較少？第二，就算她懷疑她的待遇不如和自己職務一樣的男員工，她可能也會擔心：「如果我提告的話，他們很可能會辯解說：『這跟莉莉是女性沒關係，重點是她的表現沒那麼好。』」所以，如果她先按兵不動，繼續做個十年，拿下漂亮的考績，那種抗辯就無法成立，他們就不能說是她工作能力不佳。所以，到了那個關頭，她就有希望勝訴。她可以證明薪資差距懸殊，也可以證明她的工作表現和男人一樣好，甚至更好。但沒想到最高法院說：「雖然你很有希望勝訴，可是你太晚提告了。」

我在不同意見書裡陳述了莉莉那一代的每個女性都知道的事：如果你是某個向來由男性獨占的領域裡的第一個女性，你絕對不會想讓人認為你老在抱怨，絕對不會想惹是生非，絕對不會想讓人覺得你是個難相處又愛找麻煩的人。可是就在某一刻，歧視就是直直找上你了，你非對抗不可。而那正是莉莉所做的事。我那份不同意見書傳達的概念是一個很簡單的精神：「這名女性收到的每一張薪資支票，都是在更新這項歧視。所以她可以從收到最後一張薪資支票那天起算，便能及時在一百八十天內提告。」國會說：「對，我們的意思就是這樣。」

如我剛剛所說，與憲法有關的問題是另一回事。最高法院會一次又一次地發現自己犯了錯，並在事後加以改正。

如果問題涉及憲法，國會沒辦法改，要改的話必須透過憲法修正案來解決——可是我們的修憲門檻非常高，需要國會三分之二同意，四分之三的州批准。我從平權修正案（Equal Rights Amendment）的經驗中知道修憲有多難。所以退而求其次，是由最高法院改正自己犯下的錯——也許這樣做更好，不是其「次」。在我們的國家，不同意見書變成法律已有悠久的傳統，大法官霍姆斯（Holmes）和布蘭迪斯的言論自由不同意見書就是例子。另一個例子是恐怖的德瑞得・史考特案（*Dred Scott*）裁定，[iv]當時就有兩名大法官提出不同意見，認為裁定是錯的。後來又有第一位約翰・馬歇爾・哈倫大法官，[v]他先是在所謂的民權案（Civil Rights Cases）中提出異議，[vi]十三年後又對普萊西訴弗格森案（*Plessy v. Ferguson*）提不同意見。[vii]我覺得回顧一下這些例子是好的：曾經有一些人認為最高法院的

iv 譯註：德瑞得・史考特曾為黑奴，隨奴隸主居住過廢奴區伊利諾州（Illinois）和威斯康辛領（Wisconsin Territory）。返回蓄奴區密蘇里州後，他向法院提出告訴，主張自己到廢奴區後應已自動獲得自由，不再是奴隸。最高法院否定史考特的主張，並裁定非裔人士不屬美國憲法下的「公民」。

v 譯註：這裡指的是一八七七至一九一一年任大法官的約翰・馬歇爾・哈倫（John Marshall Harlan）。他是〈序言〉中對韋爾許案寫協同意見書的那位哈倫大法官的祖父，祖孫兩人同名。

vi 譯註：民權案原本是五件各自獨立的種族歧視訴訟，一八八三年由最高法院一併審理。最高法院裁定：第十四修正案並未授權國會立法禁止個人所為的種族歧視。

vii 譯註：普萊西有八分之一黑人血統，外貌不似黑人，應公民委員會（Comité des Citoyens）之請搭乘僅限白人的車廂，再由委員會聘請的私家偵探逮捕，藉此挑戰種族隔離法。最高法院裁定「隔離但平等」（separate but equal）的規定合憲。

判決是錯的，另外寫出對的判決。這些判決一開始是不同意見，但經過幾個世代之後，它們變成最高法院的主要意見。

CHAPTER

9

她想推翻的判例

The Cases She Would Overturn

自從擔任上訴法院法官開始，露絲・拜德・金斯伯格便以司法最小主義的使徒自詡。換言之，她相信法官裁定宜窄不宜寬。她也曾不斷重申：大法官的常規作法，應該是將決定權交給國會、州立法機關和州法院。她也認為大法官應該「審時度勢」（measured motion），亦即裁定不宜過度超前輿論民情，並在大多數情況之下尊重司法判例，而非動輒否定前例。

在一次坦率的對話中，她對我解釋了少數幾種她認為可以宣告法律無效的情況，也點出幾個她最希望能看到被推翻的最高法院判例。

二〇一三年，最高法院對費雪訴德州大學案（*Fisher v. University of Texas*）做出裁定，推翻下級法院支持校方採取優惠性差別待遇措施的判決，並將案件送回下級法院，要求其進行「嚴格司法審查」。金斯伯格是唯一一個反對這項裁定的大法官。她說她之所以難以同意，是基於最高法院史上最有名的一個腳註。

這個腳註就是法學生耳熟能詳的「腳註四」（footnote 4），它出現在一九三八年的美國訴卡洛林產品公司案（*United States v. Carolene Products*）裡。法院意見書由首席大法官哈倫．費斯克．史東（Harlan Fiske Stone）主筆。多數大法官認為：法院原則上應該支持經濟法規，因為法官的角色不是事後批判立法決定，除非這些決定本身可能帶有種族偏見，或是產生決定的政治過程有瑕疵。

卡洛林產品公司案的裁定時間，正好是最高法院剛剛停止杯葛羅斯福新政的經濟立法之後。對於法官在何種情況下應該推翻法律，這個判決是最高法院在二十世紀最有系統的一次說明。史東說，在處理經濟法規時，法官應該預設它們是合憲的。可是在腳註四裡，他提出三種可能不適用「合憲之預設」的情況，有這幾種情況的法律，應該「接受更嚴格的司法審查」：第一，違反憲法或《權利法案》明定之特定禁令的法律；第二，限制「一般咸信能撤銷惡法之政治過程」的法律，例如限制言論自由的法律；第三，「針對特定宗教、民族或種族少數族群的法律，或其他對孤立而隔絕的少數群體帶有偏見之法律」。

金斯伯格在哈佛法學院時也鑽研過腳註四。她依照很多學者和法官的慣例，把史東歸納的三種情況濃縮成兩種。她說，在二十世紀大多數時候，這兩個標準都已定義出最高法院對憲法裁定的觀點。金斯伯格指出：對於經濟法規，最高法院通常會予以支持，但對於對宗教、國族、種族少數族群或其他因刻板偏見而在政治過程中居於劣勢的族群（如非裔美人）不利的法律，則較持懷疑態度。

金斯伯格對我說，在費雪案中，她的同事們認為優惠性差別待遇規定應接受司法審查，可是她不同意他們的看法，因為她認為這些法律的用意是幫助少數族群，而非傷害他們。

金斯伯格以腳註四為依歸的作法值得注意。因為從腳註四切入，可以提供一套全面性的理論，看出她最希望推翻的是哪些判決——在這類判決中，保守派多數推翻了既非以眾暴寡、也未違反憲法之明確禁令的法律。這類判決包括聯合公民案（最高法院保守派裁定公司和自然人一樣，也享有言論自由權），以及《平價醫療法》案（最高法院保守派認為國會雖然有權規範州際商業行為，但不能以此權力要求國民購買健康保險）。在金斯伯格看來，保守派大法官的這些裁定是一種經濟司法積極主義（economic judicial activism），可是在一九三〇年代的卡洛林產品公司案裡，最高法院便已經否定這種作法。

金斯伯格想推翻的另一類判決，是保守派大法官廢止幫助少數的法律，例如取消《投票權法》的一部分和優惠性差別待遇計畫。不過在某些案件裡，雖然保守派大法官選擇克制，金斯伯格卻認為司法干預是正當的。對此，腳註四也能提供解釋。這類案件包括岡薩雷斯訴卡哈特案（二〇〇七）、美國訴溫莎案（*United States v. Windsor*）（二〇一三），還有霍林斯沃斯訴佩里案（*Hollingsworth v. Perry*）（二〇一三）。在岡薩雷斯訴卡哈特案中，保守派大法官支持聯邦政府對部分生產式墮胎法的禁令，金斯伯格認為這種作法對女性不利。在美國訴溫莎案和霍林斯沃斯訴佩里案裡，甘迺迪大法官選擇加入自由派陣營，支持廢止聯邦《捍衛婚姻法》（Defense of Marriage Act，DOMA），理由是它損害男同志和女同志的權益。[i]金斯伯格也提到另外兩個她想推翻的早年判決，一件是馬赫訴羅案（*Maher v. Roe*）（一九七七），另一件是哈里斯訴麥可瑞案（*Harris v. McRae*）（一九八〇）。最高法院在這兩個案件中裁定：不論墮胎對貧困女性來說是不是醫療必需，國會和州政府都不必擴大低收入者醫療保險來補助她們墮胎。

金斯伯格認為，除非有強烈證據顯示政治程序有瑕疵，否則法官原則上應該支持多數通過以嘉惠少數的法律。事實上，從一九五〇年代到七〇年代，華倫和伯格法院的大法官也是這樣看的。金斯伯格大法官在哈佛法學院學到的這個簡單理論，曾經是最高法院審理憲法訴訟的依歸，她希望它將來能夠重新受到尊重。

❖ ❖ ❖

羅森 在您看來，現在的最高法院作得最糟的裁定是什麼？

金斯伯格 如果有哪個裁定是我想推翻的，那就是聯合公民案。我覺得「我們擁有金錢可以買到的所有民主」這個想法，實在偏離民主該有的樣子太遠。所以這是我最想推翻的裁定。第二個是牽涉憲法商業條款的健康保險裁定（按：全國獨立企業聯盟訴西貝利厄斯案）。一九三七年後，最高法院對國會通過的社會和

i 編註：《捍衛婚姻法》於一九九六年由共和黨提出並通過，將「配偶」定義限制在異性戀之間的婚姻，並允許美國各州拒絕承認在其他州合法的同性婚姻。此法讓同婚伴侶彼此在聯邦法上不具有配偶身分，亦無法享有保險、移民、報稅等方面的相關婚姻福利。

經濟法案就管得很鬆。在我看來，最高法院在一九三〇年代末已不再企圖干預國會的立法領域。而當然，健康保險與商業有關。

第三個大概是謝爾比縣案，那基本上破壞了《投票權法》。那部法的立法歷史十分可觀。擴大《投票權法》的法案在兩院都獲得壓倒性通過，共和黨和民主黨對它高度支持，每個人都贊同。最高法院干預政治部門的決定，我認為是違反規則。最高法院應該尊重立法判斷。對於選舉，立法者比最高法院懂得太多。聯合公民案也一樣。對於金錢怎麼影響哪些法律會被通過，我認為最懂的是立法機關的人——也就是必須競選的人。可是多數大法官的想法是：《投票權法》是一九六五年訂的，離現在已經很久了，當年有歧視的一些州現在可能已經再也沒有歧視，所以國會應該提出新的方案。這樣說吧，哪個國會議員會站出來說「我的選區還有歧視」？我覺得我的同事沒有做到他們理應做到的克制。國會已經以壓倒性多數決定更新《投票權法》，他們本該予以尊重。

第四個是岡薩雷斯訴卡哈特案，所謂「部分生產式墮胎法案」。這種醫療處置絕不是任何人的首選，但有時女性只有這個選擇。然而，最高法院竟然拒絕承認，禁止這種醫療處置等於忽視有些女性是別無選擇，所以我想看到這個裁定被推翻。類似的情況以前也發生過——最高法院在七〇年代做過兩個裁定，支持低收入者醫療保險不適用於給付任何墮胎，不管那是治療性還是非治療性流產都一樣。結果就是：在我們的國家，任何一個有辦法前往另一個州的女性，都有辦法墮胎；而沒辦法旅行或請假去其他州的窮人，就沒辦法墮胎。這種情況實在可悲。我覺得最不幸的是，處於劣勢的是最無法發聲的人——貧窮的女人。所以，我希望能看到這個裁定和其他限制墮胎的裁定被推翻。

羅　在費雪案，也就是那件優惠性差別待遇案裡，您為什麼獨自提出不同意見？在這個案子裡，多數大法官再一次避免了直接裁定憲法問題，但我們擔心的是，這項裁定實際上提高了優惠性差別待遇的審查標準，以後可能導致這種措施消失。

金　我覺得最高法院的立場令人吃驚。如果你回去看看可疑分類原則（suspect classification doctrine）的起源，它原本是史東大法官對卡洛林產品公司案的腳註。他說，我們在大多數情況下應該信賴立法過程，最高法院應該遵循也尊重國會通過的法律。在看待這些法律的時候，我們預設立法機關的心血結晶是合憲的。

不過史東也提到，有兩種案子不適用這項原則。一種是基本自由受到威脅——《權利法案》的保證和第一修正案的權利受到威脅。最高法院是《權利法案》的守護者，應該確保國會謹記它不能通過危害言論自由和出版自由的法律。另一種不適用這個原則的案子是以眾暴寡。所以這麼一來，你不能完全信任政治程序，因為被壓迫的少數沒有政治力量；你不能輕易相信多數會公平對待少數——對以眾暴寡要保持懷疑。種族長期以來都是可疑標準。當州立大學有心用最溫和的方式實施優惠性差別待遇，最高法院有什麼資格說那是違憲的？這又是一個最高法院應該順從其他決策者決定的例子。

羅 聽您這樣說，我不禁再次感到您是比史卡利亞大法官更好的原義主義者（originalist）。您剛剛提到兩個與優惠性差別待遇有關的案子，事實上，憲法的歷史發展是站在您這邊的。在尊重立憲者原始意圖和司法克制上，您一直是很好的榜樣。

金 卡洛林產品公司案那個腳註，是最高法院遵循已久的慧見。你知道，有些人以為可疑分類是從是松訴美國案（*Korematsu v. United States*）（一九四四）開始的，但事實上，從最高法院不再推翻社會和經濟立法，並承認大多數時候都不應推翻法律那段時期開始，最高法院就已留意到可疑分類。問題在於，社會和經濟政策是好是壞，由誰認定呢？是立法機關，不是法院。卡洛林產品公司案便是典型的經濟法規案件，而最高法院說國會的作法沒有問題。但史東接著提出保留意見：有些時候，我們對國會的所作所為或許必須更持懷疑態度。

羅　這是最高法院在新政時期說的，但您在健康保險案的不同意見書中談到商業條款時說：最高法院有些成員恐怕正在嘗試重啟經濟司法積極主義之戰。您在健康保險案中說，企圖取消依商業條款訂立之《平價醫療法》中的個人強制納保規定，是重演進步時代（Progressive Era）[ii]惡名昭彰的洛克納訴紐約州案（*Lochner v. New York*）。在那個案子裡，最高法院宣告為麵包工人設工時上限的法律無效。看到最近這些發展，您擔心經濟司法積極主義復活嗎？

金　對我來說，《平價醫療法》只是完成從三〇年代開始的社會安全措施而已。最高

ii 編註：指一八九〇至一九二〇年間，美國史上一段大幅進行社會、政治改革現代化的時代，大部分時候由共和黨執政。

法院當年支持《社會保障法》（Social Security Act），很多人認為從那之後，最高法院承認經濟和社會政策不是它的領域，所以如果立法機關想通過最低工資法或最高工時法，那是立法機關的特權。世界上大多數國家——大多數工業化國家——都有全民健保政策。它們訂立社會保障法案的時間比我們早很多。所以在我看來，健保法案（編按：即《平價醫療法》）只是補上社會安全網的漏洞。人年紀大了或伴侶死亡之後，應該要有社會安全保險維持生活。健康保險也是同樣的道理，政府確實有義務讓人民的基本需求得到滿足。

但我能理解為什麼有人抗拒。社會安全保險（Social Security Act）——它的名稱是《聯邦保險稅法》（Federal Insurance Contributions Act，FICA）[iii]，是以掙得的權利（earned right）為形式賣給民眾的。工作，付保險費，可是你又不是付保險費，而是繳稅，道道地地的稅。社會安全保險就是這樣，我們繳稅讓不再能工作的人得到照顧。我想大家一旦能接受社會保障法，就不會再有商業條款能否擴大到健康保險的問題。

健保被說成要年輕健康的人為年老體衰的人繳錢。但事實上，如果你把時間長度拉到整個人生，你今天年輕健康，但沒過多久你也會進入中年，然後是老年，到時候就是由年輕人為你繳錢。所以，如果你用一生來看——沒錯，你年輕的時候繳稅，而國家提供的服務你不需要，可是長遠來看是平衡的。

羅　當然，它也證明了是不是「稅」，是問題的核心。辯論期間發生一件很有趣的事：本來民主黨全員疾呼說「它不是稅」，共和黨說「它就是稅」；法案出爐後，他們馬上立場互換，民主黨說「它當然是稅，所以合憲」，共和黨說「它不是稅，所以不能用徵稅權正當化」。

金　事實上，這恰恰反映出社會安全保險的爭議。社會安全保險是稅，不是保費，可是它不是以稅的形式要你付費。連總統都想用不稱健保費為稅的方式來推銷它，說它是罰款。

羅　是啊，他說那是罰款。可是，總統怎麼稱呼它很重要嗎？我的意思是，這樣做

iii　編註：雖然金斯伯格口中社會安全保險的原文為Social Security Act，但它指的是結合「社會保障」和「醫療保險」的預扣稅款，與一九三五年的Social Security Act（《社會保障法》）並不相同。在薪資單上，後者被稱為OASDI，亦即「老年、遺屬及障礙保險」（Old Age, Survivors, Disability Insurance）。

還是沒平息爭議。

金　我想說的是：總統想讓國會通過健康保險法，可是反彈很大——沒人想加稅，我們不想徵收更多稅款，所以乾脆說它是罰款。

羅　首席大法官後來支持視它為稅，您怎麼看他的決定？

金　我覺得很有趣。因為他一方面認為商業條款應該限縮適用，另一方面又認為徵稅條款可以擴大。所以國會想徵稅就徵稅，不受限制。問題是：怎麼有人認為健康保險和商業無關呢？看看現在對健康保險法的批評，還有人說，某些方面而言，它會毀了小型企業。小型企業屬於商業，對吧？我很難理解怎麼會用商業條款擋健保，我覺得這種主張長遠來看站不住腳。

羅　您的意思是這個裁定會被推翻嗎？

金　沒錯，我認為那種觀點會被推翻，而我們會回到三〇年代晚期之後很長一段時間的作法，承認經濟和社會立法應該歸國會管。另外，儘管各州有各州的權力，可是在高度工業化的世界，有太多事情需要全國性的解決方案，州政府單靠自己沒辦法處理。

羅　您對全國性政策的這種觀點，又一次說明您是很好的原義主義者。因為您說制憲者關切《邦聯條例》（Articles of Confederation）中的集體行動問題，他們想賦予國會權力，讓國會在各州無力共同協調行動時有所作為。所以，您確信對於商業條款的這種解讀最後會被推翻。不過，您會不會擔心這個裁定在短期內可能造成的後果？例如宣告其他經濟法規、環境法規或健康與安全法規無效。

金　我希望不會衍生出這樣的結果。除了這個健康保險的裁定之外，其他先前的判例都是相反的。

羅　我還想請教幾個婚姻平權的案子。先從ＤＯＭＡ案（按：美國訴溫莎案）和霍林斯沃斯訴佩里案談起。您認為ＤＯＭＡ案的當事人適格，可以提告，但霍林斯沃斯訴佩里案當事人不適格。[iv]這兩個案子有什麼不一樣的地方？

金　這兩個案子原本都有資格被受理。ＤＯＭＡ案——我想你知道最高法院裁定這個案子的背景了。兩個人以伴侶身分生活多年，彼此相愛相知。後來其中一位生命走到盡頭，希望她們的結合能得到政府正式認可，於是她們去加拿大結婚，再回到承認同性婚姻和加國婚姻的紐約。然後其中一位去世後，政府要另一位付三十六萬美元的遺產稅。可是如果她們的婚姻得到承認，她可以享有配偶扣除額，根本不必付這筆錢。DOMA案的背景大概是這樣。政府原本的立場和平時一樣，準備為這部法辯護。可是等到初審法院審理之後，政府認為原告是對的，這部法的確違憲。

雖然政府對於這部法是否合憲的立場已經改變，讓這場官司看似沒必要繼續打下去，但政府沒有退還那筆遺產稅。只要政府還扣著那筆錢，訴訟就依然成立，爭議仍舊存在。最高法院是在這樣的情況下說：好，既然這個案子爭議還在，她還沒拿到退款，我們可以受理。如果你想知道：雙方有沒有都對最高法院提出他們最好的論證呢？答案是肯定的。法庭之友[v]提出的書面意見書超過一百份，我們充分得知各方對這個案子的看法。所以你有相反的主張，有尚未解決的爭議，所以我們受理這個案子。

羅 審DOMA案時我也在法庭，我記得卡根大法官讀出眾議院報告時那令人屏息的一幕。報告書上說：「國會決定反映和尊重集體道德判斷，並對同性戀表達道德上之不同意。」她讀到這句話時，全場倒抽一口冷氣。案子從那一刻起就結束了嗎？[vi]因為最高法院講過，道德上之不同意不是法律的正當基礎，就算把標準放寬也不是。

金　你知道，有人說我們應該只看國會通過的法律文本，完全不該去管立法背景、

iv 譯註：二〇〇八年，加州最高法院支持將同性婚姻寫入州憲，但加州公民隨即通過第八號公投案，要求修改州憲，將婚姻限於一男一女之結合。佩里等同志伴侶控告執行加州婚姻法之官員，並主張第八號公投案違反第十四修正案之平等保護條款。然而，被控官員向地區法院表示他們無法為第八號公投案辯護，第八號公投案提案人霍林斯沃斯等遂決定介入，向佩里等人提告。最高法院於二〇一三年以五比四做出裁定：霍林斯沃斯等人並沒有受到「具體而特定之傷害」，沒有資格提告。金斯伯格在本案中是多數。

v 編註：法庭之友並非訴訟雙方當事人，而是出於自願，或因為訴訟雙方當事人請求，主動提出相關資訊與法律解釋的法律文書給法庭，以協助訴訟進行之人。

vi 譯註：卡根大法官讀的是眾議院一九九六年通過DOMA時的報告。在審理DOMA案時（二〇一三），美國已普遍不接受以「道德上之不同意」為反同理由，所以在聽到眾議院會以此作為通過DOMA的論據時，旁聽者會有「倒抽一口冷氣」的反應，並認為此時勝負已分，DOMA一定會被宣告違憲。請見《大西洋》雜誌當時的報導〈The Jaw-Dropping Reason Congress Drafted DOMA: 'Moral Disapproval of Homosexuality'〉：https://reurl.cc/q8yxKE

議員在議場裡講了什麼，甚至連他們在委員會報告中寫了什麼都不必理會。所以，「表達道德上之不同意」的說法雖然令人詫異，可是對根本不管立法背景的人沒什麼影響。

羅　說到「有人」認為不必理會立法背景，最有名的無疑是史卡利亞大法官。您曾責備史卡利亞大法官在DOMA案裡反對司法積極主義，可是在《投票權法》案裡卻毫不猶豫地推翻了國會通過的條文。

金　對。即使有大量立法背景顯示《投票權法》必須繼續存在，他就是不管立法背景。

羅　我問過您這些案子有什麼不同，也許這就是答案？在DOMA案裡，您投票支持宣告國會通過的法律無效，您先前將這個選擇界定為司法積極主義。為什麼可以宣告《捍衛婚姻法》無效，卻不應宣告《投票權法》無效？

金　因為《捍衛婚姻法》是國會違反了對平等與自由的保證，屬於史東大法官所說的第一種案子。最高法院必須審慎留意國會立法，不讓它踐踏最基本的人性價值。《捍衛婚姻法》不是最高法院第一次遇到這種問題。沒多久以前，很多州還將合意的同性性行為視為犯罪。最早在鮑爾斯訴哈德威克案（*Bowers v. Hardwick*）裡，最高法院說可以對這種行為表達道德上之不同意。可是到勞倫斯訴德州案（*Lawrence v. Texas*）的時候，最高法院的態度變成：只要一個人做的事沒有傷害到別人，州政府就無權侵入他們的生活。再後來是科羅拉多條例案（Colorado ordinance case）。所以最高法院已經……已經思考過DOMA案裡的議題了。

羅　當然還有維吉尼亞軍校案，您在意見書中說，為維護傳統而維護傳統並非正當目的。寫得真是擲地有聲。這些判例反駁了人們反對同性婚姻的理由，或許也讓同性婚姻倡議者更好發揮。

您有一個論點很有名——我也認為很有說服力——您說最高法院對羅訴韋德案的裁定太躁進。如果只宣告引起爭議的那條德州法律無效，而不急著在全國層次解決墮胎議題，後續反撲也許不會這麼大，也就不至於傷害到墮胎權。婚姻平權和墮胎權的不同在哪裡呢？為什麼最高法院在處理婚姻平權問題的時候，不像在羅訴韋德案中那樣跑在輿論前面？

金　最高法院是回應機關，回應人民送來的爭議。DOMA案是一對同性伴侶主張她們的婚姻應該像其他所有人的婚姻一樣，也享有政府賦予的權利，可是DOMA說聯邦政府應該認定她們沒有婚姻關係，所以唯一的解決辦法是宣告DOMA違憲。

CHAPTER

10

審時度勢
Measured Motions

在擔任法官後的大多數時間裡，金斯伯格一直被視為法官的法官和司法最小主義者。她相信社會變革是緩慢從基層開始，由政治運動帶動風潮，通過國會和州立法機關認可，只有在那之後，才輪到法院持續推進。若想瞭解她對司法功能抱持的克制態度，最好的辦法是去看她發表過的文章和演講。不論在她進入最高法院之前還是之後，她都經常談到這個課題。

一九九二年，她受邀擔任紐約大學麥迪遜講座的講者。這次演講雖然因為批評羅訴韋德案的裁定而備受矚目，但它還有另一個值得注意的重大主題——在這場演講裡，金斯伯格捍衛了她稱為「審時度勢」的法院作風。在美國歷史上，法院每次

CHAPTER 10——審時度勢
Measured Motions

遇到社會變革的問題，總以這種態度處之。「大法官們通常是跟進、而非引領社會變革。畢竟變革四處都在發生，」金斯伯格說：「不過，只要最高法院別邁太大步，以致引來難以招架的強烈反撲，它還是可以透過憲法裁定去強化，或是准許某種社會變革發生。」她討論到自己在七〇年代提出的性別歧視憲法訴訟，在那些案例裡，她向最高法院要求的總是強化已經有目共睹的社會變革，而非引領社會變革：「在一九七〇年後的大多數性別分類訴訟裡，最高法院的處理方式和羅案不一樣……以溫和的裁定認可了改變方向，不過火，避免對立。而從另一方面來說，羅案反而停止了正往改革方向推進的政治過程，在我看來，不但延長分歧，也推遲了這個議題的穩定解決。」[1]

但金斯伯格也承認，有些時候，最高法院必須走在政治部門前面。在性別歧視方面，女性一旦覺醒，往往能協助她們的丈夫和兒子瞭解性別平等的必要，可是在種族歧視方面，事情恰好相反，「當黑人被法律限制在特定區域，就很難指望能以同樣的方式教育多數白人」。[2]由於難以指望州立法機關撤除南方的種族隔離，最高法院不得不在布朗訴教育局案中越俎代庖。即使如此，金斯伯格強調「這不全然是魯莽之舉」，原因有二：「首先，不論是瑟古德．馬歇爾，還是與他一起對抗種族不義的人，都謹慎小心地為這個具有指標性意義的裁定鋪好了基礎。」第二，最高法院沒有對吉姆‧克勞法（Jim Crow laws）[i]的所有形式全面發動「猛烈攻擊」，而是針對「集中在學校的種族隔離措施，把其他部分留待日後的訴訟再處理」。直到「布朗案協助推動的」民權運動[ii]在六〇年代風起雲湧，並在一九六四年的《民權法案》達到巔峰，最高法院才總算準備好「全面推翻種族歧視法律」。金斯伯格指出，到一九六七年，最高法院在樂文訴維吉尼亞州案（*Loving v. Virginia*）中推翻州政府的跨種族婚姻禁令，直到這時，最高法院才「有效地宣告種族分類方面的『隔離但平等』原則死亡」。[3]

i 編註：一八七六年至一九六五年間，美國南部各州以及邊境各州針對有色人種（主要針對非裔美人，但也包含其他族群）實行種族隔離制度的法律，強制公共設施必須依照種族不同而隔離使用，且將其解釋為不違反憲法保障的同等保護權。但與白人相較之下，有色人種所能享有的資源往往較差，而這樣的差別待遇也造成有色人種（主要是非裔美人）長久以來在經濟、教育與社會上地位都更加弱勢。

ii 編註：由於在「布朗訴教育局案」中，最高法院做出判決，宣告種族隔離本質上即為不平等，違反憲法第十四修正案中所保障的平等權，自此終止了美國社會中長久以來白人和黑人必須分別就讀不同公立學校的種族隔離現象。也因為本案判決，接下來的數年，美國開始廢止一切有關種族隔離的措施，民權運動也因本案跨出一大步。

一出任上訴法院法官之後，金斯伯格就表明她對法院和社會變革之間關係的克制觀點。一九八一年，她發表〈有請司法積極主義：「自由派」或「保守派」手段？〉（Inviting Judicial Activism: A "Liberal" or "Conservative" Technique?），文中贊同「法院採取有原則的、適當克制的方法」，亦即：「在國會的集體行動足以提供個別原告可觀救濟時，不該應立法者之邀，侵入同級別機關之事務」。[4]一九七一年，未來的大法官劉易斯．鮑威爾（Lewis Powell）在備忘錄中告訴美國商會（U.S. Chamber of Commerce）：「司法機關也許是帶動社會、經濟和政治變革的最重要的工具。」這份備忘錄當時沒受到多少注意，但金斯伯格評論說：鮑威爾「建議商界以社運自由派的『機巧』方式『利用司法作為』」。[5]金斯伯格觀察到：從鮑威爾提出這份備忘錄之後，數年之間，「有些公益法律基金會被設來代表『保守』利益或商業利益」，例如山區州法律基金會（Mountain States Legal Foundation）和太平洋法律基金會（Pacific Legal Foundation）。它們「都是法庭常客，經常站在與消費者和環保團體對立的立場，挑戰法律」。[6]放任主義保守派（libertarian conservatives）現在稱這種策略為尋求「司法介入」（judicial engagement），而今天，對「司法介入」最公開的呼籲往往出自商界倡議團體的訴狀，並得到美國商會訴訟部門的支持。他們在二〇〇八年打了十五場憲法訴訟，贏了十三場，是成軍三十年來勝訴率最高的一年。[7]除了其中一件只有金斯伯格投下反對票之外，[8]其他商界案幾乎都是一致通過，例如二〇一〇年的史基林訴美國案（*Skilling v. United States*）。傑佛瑞・史基林（Jeffrey Skilling）曾任安隆公司（Enron）執行長，被控以歪曲公司價值為手段共謀詐欺安隆股東，被判有罪。最高法院則認為他的行為並不涉及賄賂或回扣，推翻了下級法院的判決，主要意見書由金斯伯格主筆。

最高法院目前最重要的爭議之一是：對於國會委派行政單位（如環保局〔EPA〕或食藥局〔FDA〕）規範經濟活動的權力，憲法設了什麼樣的限制？在金斯伯格大法官持不同意見的聯合公民案裁定裡，最高法院主張企業和自然人一樣，也享有第一修正案保障的權利。而今有些放任論者和保守派不信任聯邦法規，正著力敦促最高法院推翻一九八四年對雪佛龍訴自然資源保護委員會案（*Chevron v. Natural Resources Defense Council*）的判決。最高法院對這個案件的裁定是：對於具有歧義的聯邦法規，除非負責執行該法規之行政機關的解釋明顯不合理，否則法官應該順從它們的解釋。雪佛龍案的裁定也表示：對於健康和安全法規，除非它們顯然與國會意旨衝突，否則法院通常必須支持。

現在，在批評雪佛龍案的法界人士裡，尼爾．戈蘇奇大法官是最位高權重的一位。他認為這個判決違反權力分立原則，因為它允許「行政官僚體系大幅侵吞核心司法權與立法權」。[9]戈蘇奇和其他幾位大法官鼓勵法院更加仔細審查聯邦規定，可是金斯伯格早在一九八一年便提出警告：此番作法是鼓勵法院而非國會監督行政機關。[10]堅持司法克制恰恰呼應她的另一個原則信念：社會變革應該出自立法機關，而非法院。由於她一直秉持這樣的信念，從一九九四年到二〇〇一年，她推翻的聯邦法、州法和地方法比其他大法官都少。[11]

❖ ❖ ❖

羅森　回顧您一路走來對憲法的建樹，您是以誰為榜樣？

金斯伯格　我沒辦法單講某一位，因為有好幾位。偉大的首席大法官約翰．馬歇爾（John Marshall）當然是其中一位，是他讓最高法院成為今天這個模樣。你知道，第一任首席大法官約翰．傑伊（John Jay）iii選上紐約州長之後，他覺得當州長比當首席大法官好。喬治．華盛頓（George Washington）想找他回來當首席大法官，他說不要，最高法院沒那麼了不起。讓最高法院成為政府獨立第三部門的是馬歇爾，所以他百分之百是英雄。我也很欣賞班傑明．柯提斯（Benjamin Curtis）[iv]大法官，他當的時間不長——我記得才六年——可是他為德瑞得．史考特案寫了很棒的不同意見書。我也很敬佩後來的第一位約翰．馬歇爾．哈倫大法官，他曾對普萊西訴弗格森案提出不同意見書。當然還有布蘭迪斯和霍姆斯兩位大法官，他們對兩種議題的不同意見書擲地有聲：一種是言論自由，另一種是說明社會和經濟立法乃立法者職權，最高法院不該事後批評。更後來的瑟古德．馬歇爾當然也是我的榜樣。

羅　對於憲法和變動的問題，最高法院對公民自由的態度為什麼會變？又是怎麼變的？

iii 編註：美國聯邦政府成立後，傑伊被喬治．華盛頓總統任命為美國第一位首席大法官，任期從一七八九年至一七九五年。

iv 編註：柯提斯是美國第一位擁有正式法律學位的最高法院大法官，也是唯一一位因原則問題而從法院辭職的大法官，任期從一八五一年至一八五七年。

金　社會在變。如果社會沒變，一九七〇年代的那些案子不可能贏。女人那時已經在做各式各樣的工作，大門向她們敞開，很少有什麼工作是不讓女性做的。當更多女性投入職場，年輕女性也會受到鼓勵，相信這就是自己想做的，也相信自己能做得到。有位偉大的法律學者講過：最高法院絕不該隨一時陰晴起舞，但不可避免會被長期氣候影響。布朗訴教育局案是經典例子。我們在那之前不久才打過一仗，對抗種族主義，反對納粹迫害、凌虐、屠殺猶太人。可是在第二次世界大戰時，連我們自己的軍隊都有種族隔離。有些人覺得這錯得離譜：我們說種族主義萬惡不赦，可是我們自己就在實行種族主義。所以我認為變化是這樣發生的：當大家都明白維持種族隔離有多麼不對，就形成了那個時代的氣候，為布朗訴教育局案添了柴火。

羅　可是，大法官們怎麼知道某種社會變化是一時陰晴，還是一整個時代的氣候？

金　它就在我們左右，就在我們的鄰居和孩子的行動之上，也在媒體報導裡頭，想裝沒看見都不可能。回到布朗案那時，美國政府的顧慮無疑也推了一把。我們那時正與蘇聯冷戰，國務院也為布朗訴教育局案向最高法院提出意見，請最高法院終結基本上是美國版的種族隔離政策。國務院說：蘇聯老是拿種族歧視數落我們，我們簡直無地自容。最高法院，拜託你們結束這種情況。

羅　不過，大法官們有時候走得太快。您講過羅訴韋德案裁定得太廣，社會變革還在半途，來不及跟上這種變化。如果最高法院的裁定範圍更狹窄一些，生育權如今也許已經得到政治上的保障。

金　對。

羅　關於最高法院什麼時候該介入、什麼時候該後退的問題，在少年犯和精障犯的死刑議題上也出現過。大法官們會怎麼處理這種議題？是不是算算哪種作法有幾個州採用，如果採用某種作法的州超過半數，就認可那種作法？

金　最高法院不是那樣做的。拿死刑來說，有段時間——從福曼案（*Furman*）到葛雷格案（*Gregg*）隔了多久？（按：前者宣告州死刑法無效，後者為恢復死刑法提供指示）

羅　是一九七二到一九七六年。時間不算長，幾年而已。

金　最高法院原本宣告死刑無效，承認死刑判決不公，沒有考慮減刑情節，決定誰生誰死也漫無標準，於是我們國家有幾年沒執行死刑。後來各州開始修改法律，建立標準。一般的殺人案件不會判死，只有窮兇惡極又罪無可逭的才會判死。接著各州又回到最高法院，說：我們現在有標準了，請讓我們再為是否廢死一辯。最高法院看過標準後回應：「沒問題，你們可以再次申辯。」如果最高法院一九七六年不是那樣裁定，我們現在很可能沒有死刑，甚至連廢不廢死都不是爭議了。

羅　引起反彈是您經常談到的主題之一，這是很實際的危險。可是我教憲法的時候，一開始總會告訴學生：「別把一切想成政治。如果你直接跳到這個結論，你會錯過憲法美麗、有約束力又有意義的一面。」不過，我們的確見過不少這樣的例子，您也講過歐康諾大法官換成阿利托大法官之後的情況。我不得不問：受到高度關注的那些案子，真的全是政治操作的結果嗎？共和黨和民主黨彼此角力？

金　我想我們都會說不是這樣，最高法院不是政府的政治部門。我投票支持或寫意見書的很多條法律，如果我是女王的話我才不樂見。的確，我們對國家根本大法的見解並不一樣，但最高法院絕對沒有利益交換，絕對沒有「你今天投我，我明天投你」這種事。從來沒有。但我們有些看法確實相當不同。

以第十四修正案的平等保護條款為例：平等保護現在已經擴大到女人身上，但如果你問：「回到一八六八年，也就是第十四修正案成為憲法的時候，當時的人有沒有想過女人和男人將來應該有平等公民權？」答案當然是否定的。可是在我看來，平等的概念一開始就在那裡了，隨著時間被我們的社會慢慢實現。所以我會這樣看：一八六八年離女性取得投票權的確很遠，可是一九二〇年第十九修正案通過之後，女性也獲得了投票權。一九六〇年代有民權運動，以打破種族藩籬為訴求，要求落實平等保護——這也是憲法一開始就已經承諾的。這些發展讓我看見平等保護條款之於今日的意義。

羅　在我們國家對女性平等還有高度爭議的時候，您便以律師的身分慢慢凝聚共識。是不是因為有這份經驗，您相信最高法院應該步步為營，不該一下子走得太快——也許可以微微推進，但原則上是跟進，而非引領？

金　我不認為最高法院在哪個時代有帶頭前進過。我們回來談布朗訴教育局案，很可能有人會說它是二十世紀最著名的裁定，事實上的確如此。但這個案子之所以能成功，不只是因為瑟古德・馬歇爾的大力倡議和細心計畫。那時二次大戰剛剛結束，餘波尚在；我們才為對抗醜惡的種族主義打了一仗，可是我們自己的軍隊也在實施種族隔離。

我極其幸運能在對的時代生在對的地方。在我這一代之前，已經有好幾個世代的女性講過一模一樣的東西，可是在那些時代沒人聽得進去，就算有也非常少，還沒什麼人準備好。

羅　您被推崇是司法最小主義者。您是否認為最高法院永遠都該微幅前進？是不是連反映社會變化的時候，最高法院基本上都只能輕輕推進或跟進，而不能大力推動？

金　不，最高法院有時必須表現得更加有決斷力。舉例來說，在布朗訴教育局案之後的一段時間，還是有人完全不願服從法律。可是那時不但最高法院態度堅決，初審法院和上訴法院的法官也堅守立場：這個國家的法律禁止學校強制進行種族隔離。那些法官裡有一些人真的面臨生命威脅，可是他們還是頂住壓力，貫徹裁定。

羅 直到今天，在大家爭論平等保護條款要求的是「無視膚色」（color blindness）或「正視膚色」（color-consciousness）的時候，布朗訴教育局案還是受到熱烈討論。布朗案對今天的意義何在？對布朗案的核心意義有真正一致的看法嗎？

金 布朗案是一連串民權訴訟的成果，而這串訴訟的巔峰是十三年後的樂文訴維吉尼亞州案（一九六七）。樂文夫婦從小在維吉尼亞一處鄉村長大，那裡的人相處融洽，種族差異毫不影響他們的情誼。非裔美人米德瑞德・傑特（Mildred Jeter）和白人理查・樂文（Richard Loving）相識之後墜入情網，但因為維吉尼亞州禁止跨種族婚姻，他們特地去華府結婚，拿到結婚證書後返回維吉尼亞。沒想到有一天晚上警長找上門，用手電筒照著他們，命令他們說：下床，跟我去見法官。他們要警長看裱好框掛在臥房牆上的結婚證書，但警長大吼：那玩意兒在這裡沒用。法官說如果他們同意離開維吉尼亞州，永遠不回來，他就不把他們關進牢裡。那時民權運動和馬丁・路德・金恩（Martin Luther King）都已家喻戶曉，而米德瑞德．樂文和莎莉．里德一樣，雖然是個平凡女子，卻勇於冀望制度這次會給她一個公道。這個案子後來上訴到最高法院，而大法官們也做出一致決議。樂文訴維吉尼亞州案結束了美國官方的種族隔離。

羅　目前對於司法積極主義的爭辯，集中在現在的最高法院是否親商。進步派都是這樣認為的，他們指出：美國商會勝訴的案子占百分之八十一，是壓倒性多數。而您一直是大法官裡最少支持商界的一位，根據調查，您支持商會立場的次數比其他大法官都低，只有百分之三十五。您認為這種說法公平嗎？現在的最高法院真的比較親商？

金　我想你大概想問，我怎麼能夠在安隆案裡放過傑佛瑞．史基林吧？在那個案子裡，我們九個全都支持美國商會的立場。國會有通過法律，將剝奪他人理應享有的「誠信服務」（honest services）視為犯罪。可是「誠信服務」這個詞太模糊，沒辦法用來界定罪行。我不認為自己親商或反商，我對每一件案子都盡我所能就事論事。

羅　還有一種說法與司法積極和司法克制的老爭論有關。這裡有另一份統計：如果用傳統方式定義「克制」——也就是只以推翻州法和聯邦法的多寡為判準——您是最克制的大法官。從一九九四年到二〇〇一年，您是最少推翻聯邦法、州法或地方法的大法官。誰知道「克制」的定義一夕之間突然變了，您因為不推翻健保、經濟改革和競選經費改革，反而被稱為司法積極主義者，這不是很奇怪嗎？

金　「積極主義」這個標籤指的是什麼？如今，這難道不是在說，事情完全取決於誰的權益受損？各方的看法會根據自身利益的參與程度而有所不同。照你剛剛講的標準，誰投票推翻的聯邦法、州法和地方法最多？照這個標準，史卡利亞大法官在司法積極主義法官榜上應該排名很前面。

羅　您說對了，他排名第二，司法積極主義亞軍。我們現在遇到的問題和進步時代一模一樣——自由派說「最高法院親商」，保守派說「你們應該推翻新政，推翻那些進步的法律」。難道新政時代的爭鬥可能復活嗎？我們會不會又一次看到最高法院分裂，並且在總統和國會最關切的議題上挑戰他們？這顯然是很嚴重的問題，請您盡可能試著回答。

金 我認為那個時代已經遠去。連我那些幾十年前或許會有疑慮的同事，現在也承認立法機關在社會和經濟立法上應有適當角色。所以，我不認為我們會退回一九二〇年代和一九三〇年代初最高法院的狀態。我也有信心能夠這樣說，我不認為會有另一部《司法程序改革法案》(Judicial Procedures Reform Bill)[v]。當時，最高法院那九個老男人不斷推翻州和聯邦的經濟和社會立法，羅斯福總統不堪其擾，卻又不能開除大法官。因為憲法說我們只要「盡忠職守」，就可以繼續任職。所以他提案：每有一名大法官年滿七十歲半，總統就能任命一名新的大法官。這能讓他一下子就任命六個大法官，大法官也會從九人規模變成十五人之多。但我不認為現在有發生這種情況的危險。

羅 那麼，對於有幾位大法官質疑雪佛龍原則，我們該怎麼看？最高法院質疑雪佛龍原則，應該會讓行政國(administrative state)[vi]不太好過吧？

金 有一名大法官已經明確表示雪佛龍案是錯的，應該推翻。我記得好幾年前——事情常常繞個圈又回到原點，實在有趣——我記得在一九八〇年代的時候，有些人支持一個叫邦伯斯修正案（Bumpers Amendment）的提案，提案的名字來自於提出修正案的阿拉斯加參議員戴爾・邦伯斯（Dale Bumpers）。那個提案要求最高法院不順從行政機關對其所執行的法規解釋。邦伯斯修正案後來沒通過，我不曉得各股力量當時是怎麼運作的。但有趣的是：那時是民主黨在推邦伯斯修正案，現在抱持這種立場的卻是另外一方。

羅 對於這些對行政國的挑戰，我們國民應該感到憂心嗎？這些挑戰的代價是什麼？

金 這是我們社會的本質。有很多事情必須在聯邦層次處理。行政國不會消失。雪佛龍案離我們沒那麼遠。我直說吧，最高法院宣告雪佛龍原則時支持的那項規定，在哥倫比亞特區聯邦巡迴上訴法庭時是我裁定推翻的。[vii]

v 譯註：金斯伯格原本說的是「court-packing plan」，即為「Judicial Procedures Reform Bill」的俗稱。

vi 譯註：依學者約翰・羅爾（John A. Rohr）的定義，行政國是「被委以重要統治功能的專家機構，透過賦予非民選官員權力的寬鬆法條，負起防止『不公平競爭』、發給執照……等等之責。……行政國實際上就像我們熟悉的福利／戰爭國家。」Rohr, John A. (1986) *To Run a Constitution: The Legitimacy of the Administrative State*. University of Kansas, p.xi.

羅　哇！可是您審理時還沒有雪佛龍原則，所以您並不知道自己的判決會促成那個裁定。

金　哥倫比亞特區聯邦巡迴上訴法院以先前的判例作折衷。環保局可以對空氣污染區設下嚴格要求，可是對空氣還沒被污染的地方不能一樣嚴。總之，為雪佛龍案寫主要意見書的史蒂文斯大法官，肯定我有遵循巡迴法院的判例。我們在雪佛龍案很久以前就有了行政國，不論雪佛龍案會不會被推翻，它都會繼續存在。

vii 譯註：本案肇因於環保局對《清潔空氣法》（The Clean Air Act）中的「污染源」提出解釋，訂立新規，卻讓工業廠商找到漏洞而不加改善，引起環保團體不滿。環保團體向哥倫比亞特區聯邦巡迴上訴法院提告，上訴法院認為環保局的解釋並無助於降低污染，違反《清潔空氣法》之立法目的，遂撤銷該規定。雪佛龍等公司受此判決影響，向最高法院提告。最高法院裁定環保局對「污染源」的解釋並無不當，該規定不需撤銷。

CHAPTER

11

#MeToo與更佳的兩性合作
#MeToo and a More Perfect Union

金斯伯格大法官和很多人一樣，並沒有預料到#MeToo運動會突然興起。二〇一七年十月，《紐約時報》率先披露：電影製片哈維・溫斯坦（Harvey Weinstein）被指控對多名女性做出不當性舉止（sexual misconduct），時間長達三十年。報導一出，大眾譁然，#MeToo運動也隨之爆發。女星艾希莉・賈德（Ashley Judd）是最早受到關注的受害者之一。在我們的幾次對話中，金斯伯格為#MeToo運動喝采。她相信這個運動的效應會持續下去，因為它讓男性和女性一樣認識到性騷擾迫使女性位於從屬位置。在此同時，她也強調正當法律程序的重要，不只對指控者應該如此，對被指控者也應如此。

對金斯伯格來說，#MeToo 運動與同志運動和七〇年代的女性主義運動一樣，也是由下而上的政治行動如何快速造成社會變革之例證。在她看來，法律變革是跟著社會和政治變革發生，而不是倒過來。舉例來說，一九六三年的《同工同酬法》（Equal Pay Act）和一九六四年的《民權法案》第七章，都反映了二次大戰之後的社會變化。她在一九八一年的一篇文章裡寫道：「以家庭為中心的必要活動急速減少、人口目標縮小、控制生育的方法更加有效，以及壽命大幅延長。」都促成「女性就業人口空前成長」。[1]她強調：男女互動方式之所以發生改變，是因為進入職場的女性快速增加。她也引述社會學家辛西雅・艾波斯坦（Cynthia Epstein）的看法，強調男性必須學習平等，「當女性不再只是零零星星的罕見存在，也不再只扮演從屬者或協助者的角色，而是大量出現在男性之間，男性就必須具備與性格各異的女性共事的經驗，必須成為女性的工作伙伴」。[2]在查閱勞工統計局（Bureau of Labor Statistics）一九七〇年代末的報告之後，金斯伯格在同一篇文章中推測：到一九九二年，「在二十五到五十四歲的女性中，將有三分之二是受薪勞動人口」（實際上，二〇一九年的比例只有百分之五十七）。她堅持，在形塑「社會風氣」（guts of a society）上，不論是科技上的變化還是基礎設施的改變，都不如女性加入職場來得重要。（依照她的定義，「社會風氣」指的是「社會如何運作和競爭、人與人間如何建立關係、他們有沒有孩子，還有怎麼養育孩子。」[3]

對金斯伯格來說，#MeToo運動證明了她在七〇年代提倡的女性主義遠見是正確的：拒絕傳統的「男女分屬不同領域」的觀念，例如男性天生主動、女性天生被動；批判差別對待男女兩性的法律，尤其是那些用意在保護「弱勢性別」的法律；堅持原本專屬女性的特殊福利應該擴及男性。

可是到一九八〇年代，金斯伯格的性別平等願景受到新一代女性主義法律學者嚴厲批判。她們認為法律應該把重點放在男女兩性的差異，而非類同。這群新女性主義者說金斯伯格「男性中心」，是「同化主義者」，因為她挑戰的分類不只壓迫女性，也壓迫男性，而且大多數時候代表的都是男性原告。法律學者凱瑟琳．麥金儂（Catharine MacKinnon）[i]在一九八四年寫道：「使用相同標準（sameness standard）的結果，多半是讓男性在對我們做了這麼多『好事』之後，還取得女性傳統上擁有的一

i 編註：凱瑟琳．麥金儂是身兼律師、哈佛法學院教授、運動者等多重身分的女性主義法學家，也是基進女性主義（radical feminism）中最具代表性的關鍵人物。她的宰制理論、性騷擾與色情理論在法律、理論與運動層面都對當代產生深遠的影響。

丁點福利。」[4]

麥金儂認為，女性主義者該做的不是尋求法律平等，而是聲討「貶低」女性的、更大的社會結構之惡。於是，八〇年代的女性主義者轉移目標，試圖恢復很多對於女性的特殊保障，例如從全面禁止色情刊物到母親獨有的育兒福利等等，但這些措施正是金斯伯格反對的。女性主義陣營掀起一場出人意表的辯論：金斯伯格的那些憲法訴訟，為女性帶來的傷害是否大過好處？這場論爭讓人不禁想起種族平權運動的類似場景：當年，麥爾坎・X（Malcolm X）也曾批評瑟古德・馬歇爾不夠貼近黑人。金斯伯格後來被提名大法官的時候，女權運動裡有些人之所以心情複雜，這也是原因之一。[5]

在公開回應這些女性主義批評者的時候，金斯伯格維持她一貫的謹慎風格。她說將她指為同化主義「並不公平」，因為「一九七〇年代的訴訟，有助於顛覆以往公認的男女分屬不同領域的觀念」。但當有些女性主義後輩不屑她的成績，她難掩受傷。她在一九八四年的演講中說：「我擔心的是，有成就的女性不只要面對沒安全感的男性的威脅——他們因為沒安全感，所以畏懼在男性發號施令時不退縮或者不假裝順從的女性；」她又補充：「我也擔心，她們還要面對女性的攻擊——其中一些也是女性主義者，但她們似乎已經加入批判她們姊妹的行列。」[6]金斯伯格反對給予女性「特殊優待」（例如讓有幼小子女的女法官改成部分工時），她支持的是由私人雇主和聯邦政府設立托育機構，讓男女兩性都能受惠。

如金斯伯格所說，在這場女性應該接受特殊待遇或平等待遇的辯論中，最大的諷刺是：新女性主義法律學者的「分別模式命題」（separate modes thesis），其實很像「舊的分類方式，這種分類方式以情緒及其牽絆界定女性，以理性及其獨立界定男性」。在一九七〇年代之前，這種分類方式曾被用來證成女性在法律上的從屬地位。金斯伯格說，大多數法律曾在男性與女性之間畫出明確分界，而且表面上總說這是為了保護或「優待」女性——法律只為女性設工時上限，而男性不在此限；法律不准女性做「危險」工作，例如當酒保；法律甚至只要求男性當陪審員。凡此種種，都是用「隔離但平等」的修辭隱瞞他們對女性的預設——女性沒辦法保護自己。

「以概括的方式認定女人或男人就是什麼樣子，我對這種作法深表恐懼，或說懷疑。」金斯伯格在一九八〇年代講過很多次：「我的人生經驗告訴我，對個別的男男女女做裁定的時候，這種概括的認知無法給我可靠的指引。」她引述社會學家辛西雅．艾波斯坦的見解說明她的主張：「人對家庭、子女及他人福祉的照顧與關心，不該一股腦兒地歸為『女人的事』，而該被當成每一個人的事。」[7]

早在一九七〇年代，金斯伯格便已預見，女性即使在形式上擁有平等的機會，也可能被她所說的「無意識偏見」（unconscious bias）阻撓。在一九七八年一篇討論看似善意的性別分類的文章裡，她舉了一個例子：紐約電信（New York Telephone Company）的白人男性經理在考量員工升遷的時候，總是以他們稱為「全人理念」（total person concept）的標準選擇白人男性。[8]在一九九九年的一場演講中，她稱許歐洲法院一九九七年的一項裁定：在馬夏爾訴北萊茵威斯特法倫邦（*Marschall v. Land Nordrhein-Westfalen*）中，歐洲法院支持德國一條以性別為公務員升職標準的法律。這項規定在男女人選平手時對女性有利，可是在男性人選條件更佳時，也容許男性人選出線。金斯伯格將這項裁定與劉易斯．鮑威爾大法官在貝克案（Bakke）中的意見書對照（最高法院在貝克案中支持哈佛的優惠性差別待遇設計：以種族為加分因素，而非決定性因素），藉此強調根除無意識偏見的重要性。她寫道：「馬夏爾案判決最值得稱道之處，或許是它對不時出現的無意識偏見的敏感度。」她說，傳統男性雇主可能被性別刻板印象影響，誤以為女性一定會因為家庭責任而無法全力投入工作。「以『平手時女性優先』為決選標準，也許比落實非歧視原則更有幫助。如果政府沒有這種積極作為，無意或半有意的歧視恐怕能繼續橫行無阻。」[9]

一九七〇年代末，金斯伯格的律師生涯進入尾聲。在她未能親手完成的變革裡，最令她懸念的是最高法院否定「憲法禁止基於性別的無意識偏見」的主張。一九七九年，在她稱作「重大失敗」的麻州人事主任訴費尼案（*Personnel Administrator of Massachusetts v. Feeney*）中，最高法院支持麻州的規定：應徵公務工作者，退伍軍人終生享有第一優先錄用資格。由於當時退伍軍人幾乎全是男性，金斯伯格在裁定出爐後馬上指出：「這種極端的優先錄用標準，無疑嚴重打擊女性就業機會」。然而，最高法院認為憲法只禁止故意的性別歧視，沒有規範到因無意識偏見之故對女性造成不利影響的歧視。「費尼案顯示：當某種分類在形式上是中性的、而且是為某個值得讚賞的目的而設，」金斯伯格嘆道：「就算它對某個性別造成的不利影響是嚴重而不可避免的，最高法院也會允許它繼續存在，不必修改。」[10]

因此，看到#MeToo運動的女性以社群媒體和其他平台發聲，要求職場給予她們與男同事一樣的尊重，金斯伯格相信這個運動呼應了她的理想——女性應該藉由大量投入職場，拒絕容忍有意或無意的不平等待遇，才能賦予自己權力。她也相信在憲法解釋上，應該主張憲法支持剷除壓迫女性的無意識偏見。不過，正如她幾十年前就已注意到的：真正的平等，需要男性與女性一起剷除家庭與職場中的無意識偏見。「我對我的子女、以及他們的子女的夢想是，」她在一九八四年說：「男性與女性合力打造嶄新、共享的職涯與親職模式，並努力創造能促進這些模式的社會。」[11]

❖ ❖ ❖

羅森　您怎麼看#MeToo運動？您認為它能證明女性平等持續推進嗎？

金斯伯格　女性被性騷擾的事一直都有，但直到凱瑟琳．麥金儂這位女性出版《職場女性的性騷擾》（*Sexual Harassment of Working Women*）之後，這些事才受到關注，《民權法案》第七章的相關訴訟也才開始。雖然有些案子送上最高法院，女性也獲得勝訴，可是很多女性對揭發性騷擾還是感到猶豫。

她們之所以會感到猶豫，主要是因為擔心別人不相信她們。#MeToo運動竟然能讓那麼多人願意站出來，實在令人驚訝。我希望它能繼續鼓勵大家勇於發聲，同樣希望它對旅館女侍發揮的效果，也能像對好萊塢明星一樣。

羅　很多女性想知道，它帶來的改進能否延續？還是它會像九〇年代的性騷擾討論一樣，只是曇花一現？

金　我認為它的效果會持續下去，因為這次不只女性、連男性都發現這種行為有多糟糕，還有它對女性造成多大的壓迫。我們再觀察看看吧，但我認為效果會持續。

羅　為什麼 #MeToo 運動是現在出現呢？是因為千禧年世代做了什麼，還是有別的原因？

金　我認為我們可以把這個運動和同志平權運動對照：同志運動之所以能快速推展，是因為很多人願意站出來說：「這就是我，我為此自豪。」不再遮掩，也不再偽裝。我認為 #MeToo 運動現在也是這樣。

羅　您有想到會發生這場運動嗎？

金　沒有。我也好奇它為什麼是這個時候出現。我很多年前就聽一些女性講過哈維·溫斯坦的事，誰知道《紐約時報》為什麼終於決定大幅報導。我想媒體終於發

表一樁它們早知道，只是現在才公諸於世的報導，結果就把 #MeToo 運動推上現在的位置。

羅 如果想要維持這個運動的動能，把它帶來的改變延續下去，您會怎麼建議所有女性？

金 有律師告訴我，有些女性在事發多年之後決定站出來，即使追溯時效已經過了，現在在談和解。一個有趣的問題是：我們會不會看到保密協議告終？他們向投訴和提告的女性開的和解條件之一，是要她們同意永遠不把事情講出去。我希望法院不會強制執行這種協議。

羅 如果想維持這些改革，法律需要做哪些調整？

金 法律已經做過改革，而且已經改了很久。《民權法案》第七章就是如此。以前說性騷擾和性別歧視無關，大家都知道男生就是那副德性，就這樣。現在有州法和聯邦法明文禁止性騷擾，法律已經就位，準備好了，只等大家站出來用。

羅　您有提過您自己的#MeToo經驗，很多年前在康乃爾大學的事。

金　我那時候有一門化學課，可是對實驗不熟，所以有個助教決定幫我忙，說考試前一天先幫我模擬考。第二天我拿到考卷，發現題目竟然和模擬考一模一樣，我馬上想到那個助教會要我回報他。所以我不退縮，直接找上他說：「你怎麼敢做這種事？」這還只是每個女人都會遇上的很多很多事之一而已。

羅　您會給有同樣遭遇的女性什麼建議？她們也該一樣堅強嗎？

金　應該。跟對方說：「這種行為不對，你不該這樣做，我不會屈服。」不過，我想現在這樣做比以前容易，因為現在很多人支持女性這樣做，不像以前常常有人說：「那根本是她編的。」

羅　在這種新氛圍下，大家都想表現得體，都想知道新規則是什麼。您對男性有什麼建議？

金　你只需要好好想想，你希望別人怎麼對待你家裡的女人？尤其是你的女兒。所以，看到男性言行不當的時候，你應該告訴他們這樣是不對的。

羅　男性能變得更覺醒嗎？

金　這個問題，我想你可以為自己作答。

羅　可是您比我有智慧。這是很重要的問題。

金　你可以看看七〇年代的變化。在那之前，最高法院從不認為有哪種基於性別的分類不妥或違憲。

羅　女性和男性都會辯論哪種行為應該處罰。有些人說，把哈維・溫斯坦那種暴力行為和比較不明目張膽的不當性舉止混為一談，是不對的；但也有人說只要行為不當就是錯的，應該處罰。

金　的確，行為有輕重之分。但只要一個女人被擺到讓她感到卑屈、低人一等的位置上，就應該投訴——她不該害怕，應該投訴。

羅　對於被指控者的正當程序呢？

金　當然一定要有，這個課題超過性騷擾的範圍了。被指控的人不管是女性還是男性，都有權利為自己辯解，我們一定不能忽視這點。與此同時，被指控者如果叫屈，也應該被聽見。有人批評過一些大學的規定，說它們沒給被指控者公平審理的機會。你知道，這是我們制度的基本原則之一：每個人都應該受到公平審理。

羅　對學校規定的那些批評站得住腳嗎？

金　我的看法嗎？站得住腳。

羅　在正當程序的價值和日益高漲的性別平等需求之間，該如何取得平衡？我想大家都想知道您的看法。

金　這兩件事不衝突，兼顧不是問題。在我們的司法制度裡，被指控者有權要求正當程序。全體適用的規則，當然也適用於性別平等領域。

羅　有些女性擔心不良後果。她們擔心男性會因此不敢與女性互動，讓女性的學習機會變少。這種顧慮有道理嗎？

金　我這樣問好了：身為男性，你會因為#MeToo運動的關係而變得不太敢鼓勵女性嗎？

羅　正好相反。知道這些事之後，我像很多男人一樣，也對女性的困境更為敏感，這完全有益無害。

金　沒錯。

羅　您講過，法院是社會變革過程中最不重要的部分。變革是從政治行動和公共教育開始，然後是立法，接下來才是法院。如果是這樣的話，從現在看一、二十年後，您認為 #MeToo 運動的動能會反映在立法決定和司法判決上嗎？

金　就像我剛剛講的，我認為法律已經就位，將來會有愈來愈多人用。可是，權利必須是從想要它們的人開始的，法院是回應機關。第五巡迴法院之前有位很傑出的聯邦法官——厄文．郭德堡（Irving Goldberg）法官，他講過——「法院不放火，可是會全力滅火。」

羅　您一九八六年寫過一篇文章，說：「如果優惠性差別待遇計畫由我來訂，我會把重點放在三個方面：第一，它要能為女性增進平等教育機會和有效工作訓練；第二，我的計畫會提供誘因，鼓勵男性更公平地與女性分享把孩子從嬰兒帶到成年的快樂、責任、擔憂、不安以及偶爾的乏味；第三，設計有品質的日間托育服務，讓家長從孩子嬰兒時期開始就不必擔心照顧問題。」[12]您認為這些目標現在達成了多少？

金　我覺得我們已經有不錯的進展，我這輩子看到的改變已經很多。我們當然還不完美，但這些進步讓我對未來充滿希望。對了，我還講過，我的優惠性差別待遇計畫要讓男性也當幼稚園和小學老師。我覺得能讓孩子看到男性和女性一樣擔任照顧角色，對他們來說是好事。

羅　《紐約時報》最近有篇報導，說：見過不符性別刻板印象的玩具的孩子，更可能認為女生該玩卡車，男生該玩洋娃娃。這對打破刻板印象重要嗎？

金　重要。《Ms.》雜誌曾經出過兒歌，其中一首就叫〈威廉的洋娃娃〉（William's Doll），那張專輯叫《自在做你我》（*Free to Be . . . You and Me*）。瑪蘿．托馬斯（Marlo Thomas）是那場嘗試的主要推手。

金：您想對下一代的女性主義者說什麼？哪些目標還有待完成？

羅：消除無意識偏見，我們得非常努力才能剷除這種偏見。我最喜歡舉的例子是交響樂團。我小時候，交響樂團裡一個女人也沒有，大概只有豎琴例外。《紐約時報》知名樂評家霍華德．陶布曼（Howard Taubman）還信誓旦旦地說，就算你把他眼睛蒙上，他還是聽得出彈鋼琴或拉小提琴的是女的或男的。有個人提了個好主意，請他實際試看看。蒙上眼睛之後呢？他完全搞錯了，把女鋼琴家誤認為男鋼琴家。但他還不錯，他挺爽快地承認自己的確有無意識偏見。於是有人提了個更好的主意：徵選樂團團員的時候，在評審和應徵者之間隔上布幔。只不過是這麼簡單的安排，交響樂團的女性幾乎一夜之間大增。

我真希望每個工作領域都能隔上一道布幔。現在還有無意識偏見的例子之一，是七〇年代晚期的一件《民權法案》第七章訴訟，原告是幾位沒能得到AT&T中階管理職的女性。她們的每一項標準評分項目都很亮眼，可是到最後階段卻被刷下來，被淘汰的女性多得不成比例。最後階段是什麼呢？是所謂「全人考核」，也就是讓一名主管面試升職人選。為什麼女性被刷掉的人數不成比例呢？因為這名主管與和他不一樣的人互動時覺得不自在。面試男性的時候，他多少有一種「這個人和我有共同點」的感覺，覺得很自在。可是面試女性或少數族群的時候，他就是覺得哪裡不太對勁，就是覺得對方怪怪的，而這種感覺也反映到評分上。

羅　所以，解決無意識偏見的辦法，就是讓男性與女性多多相處？

金　這樣說吧，上場的女性愈多愈好——歐康諾大法官常說，我們這一輩的女性應該好好上場表現，讓別的女人得到鼓舞。上場的女人愈多，全體女性就表現得愈好。

羅　現在還有哪些事有待完成？您提過費尼案，最高法院裁定憲法禁止的歧視是故意歧視。您認為這個裁定該推翻嗎？您是否認為無意識歧視應該也能依憲法提出訴訟？

金　在費尼案那樣的案件中，我認為是如此。那種不符平等待遇的情況，理應能依憲法提出權利請求。無意識偏見很難對付。關於無意識偏見的存在，我最常講的例子就是盲選交響樂團團員。

羅　如果能以憲法挑戰無意識偏見，法律會怎麼轉變？

金　會有更多機會向女性開放。舉例來說，在一對一競爭的情況下，如果女性沒能獲得升遷，公司必須拿出不讓她升職的非性別理由。費尼案本來應該是簡單明瞭的案子，因為按照麻州的規定，只要你是退伍軍人，你就是第一優先，但其他大多數「退伍軍人優先」的規定，是給退伍軍人加十五分。如果是退伍軍人加十五分，很多名列前茅的女性還是可以得到工作或升遷。但要是退伍軍人勉強夠格卻還是能第一優先，女人等於完全被排除在外。

羅　其他歧視訴訟呢？無意識的種族偏見也應該能提出權利請求嗎？

金　應該，有意識的種族偏見無疑也應該。莉莉．萊德貝特案在某種程度上也是盲選的例子。最高法院說她太晚提告了。但她要是早早提告，固特異公司會說她薪水低不是因為她是女性，而是她的表現不如男性。於是她年復一年拿下好考績，讓公司沒辦法拿這個理由開脫。可是她還是輸了，因為最高法院說她太晚提告。還好國會後來改正了這個錯誤。

羅　對由衷以您為榜樣的新一代女性主義者，您想對她們說什麼？

金　為你在意的事好好努力。我想到了七〇年代，當時很多年輕女性為平權修正案奔走，我也投身其中。我這一代和我女兒那一代的女性，都致力於推動社會變革，爭取男女平等公民權。現在有件事令我憂心：對於我們國家的根本大法竟然沒有明確聲明男女擁有平等公民權，有些年輕女性似乎不太在意。也許因為她們知道女性現在不會到處碰壁，所以把自己的權利當作理所當然。

羅　我們憲法中心有一次特別的經驗：頒自由獎章（Liberty Medal）給馬拉拉．優薩福扎伊（Malala Yousafzai），那時她剛獲得諾貝爾和平獎。她是您想像得到的最激勵人心的十七歲女孩。她寫部落格，批判塔利班（Taliban）不准年輕女性受教育，在暗殺中生還，挺身鼓吹教育和言論自由的重要性，她的熱忱感動全世界。這是我們應該效法的榜樣嗎？您鼓不鼓勵年輕女性成為律師、社運人士、大法官——她們該怎麼帶來改變？

金　不要拿「不」當解答。如果你有夢想，有你想追求的東西，你也願意為實現夢想付出必要的努力，就不要讓任何人對你說你做不到。在今天，如果你遭到不公平的對待，被當成不完整的公民，你能找到很多與你想法相近的人一起對抗。

羅　我想，這正是馬拉拉的父親對她說的話，還有信心——相信教育和努力能讓你成就一切的信心——是成功的關鍵。您說過您對未來很樂觀，因為您對千禧年世代有信心。

金　對。

羅　聽您這樣講真好。對於年輕人怎麼做最能促進正義，您的建議是？

金　別單打獨鬥，找想法相近的人一起努力。華府的女性大遊行（Women's March）令我印象深刻，也令我感動，現在世界很多地方也會辦這個遊行。年輕人應該珍愛我們立國的價值，應該體會它們多麼可貴。如果它們沒有成為你們的一部分，或是你們不願努力守護它們——請想想勒恩德・漢德法官說的話：若是自由之魂於人民心中死去，沒有一間法院能讓它復生。不過，我在我孫子孫女和他們的朋友心裡看得見自由之魂，我對即將成年的這一代有信心。

CHAPTER

12

與瑪格麗特・愛特伍會晤

Margaret Atwood Meets RBG

二〇一八年夏，金斯伯格大法官邀我們夫妻與她家人共度週末，參加紐約庫柏鎮（Cooperstown）的光玻（Glimmerglass）歌劇節。

我們抵達山頂一幢殖民地風格的大宅，一名聯邦法警帶我們進房後，我們下樓去和其他客人會合，包括大法官的兒子吉姆・金斯伯格（Jim Ginsburg），他經營一家古典音樂唱片公司，而他的夫人派翠絲・麥可斯（Patrice Michaels）是女高音兼作曲家，剛為吉姆的公司錄了一張專輯：《聲名狼藉的ＲＧＢ之歌》（*Notorious RBG in Song*），把大法官的信件和意見書化為悠揚的樂章。

金斯伯格大法官披著披肩、身著藍色褲裝，從大臺階走下。她笑容可掬地向我們打招呼，接著我們全擠上一臺休旅車，去光玻歌劇院聽《使女的故事》（*The Handmaid's Tale*）作者瑪格麗特．愛特伍（Margaret Atwood）演講。

《使女的故事》是一九八五年出版的，當時正是雷根時代高峰。這部小說是一場反烏托邦思想實驗，想像不遠的未來出現一個家父長式的神權政府，對美國女性造成嚴重壓迫。愛特伍在演講中說：《使女的故事》最近被改編成歌劇，很快就會在光玻歌劇院演出。她把這本書和詹姆斯．菲尼莫爾．庫柏（James Fenimore Cooper）串起來談（後者著有《大地英豪》〔*The Last of the Mohicans*〕，他在庫柏鎮的農舍如今是菲尼莫爾藝術博物館〔Fenimore Art Museum〕），她說：在庫柏的時代，女人要戴帽兜來迴避男性的目光；在《使女的故事》裡，宗教基本教義政府也逼女人戴帽兜，以此確立她們之於男主人的從屬地位。

在聽眾提問階段，愛特伍說女性主義在二十世紀有三次爆發。第一次爆發以第十九修正案通過為高峰，該修正案賦予了女性投票權。第二次爆發是六〇到七〇年代的女性運動。愛特伍認為，這次爆發是對五〇年代婦女生活困境的反撲。在那段時期，郊區女性基本上是被關在家裡帶四個孩子，不可能指望外出工作。第三次爆發則是 #MeToo 運動，愛特伍將它視為女性對哈維．溫斯坦這類性掠奪者的反撲。

但她也說，正如六〇和七〇年代的女性運動引發反彈，導致雷根時代的倒退，刺激她寫出《使女的故事》，她相信 #MeToo 運動也會引起反彈，削弱女性平等和女性運動的成果。

愛特伍今年稍早（編按：二〇一八年）曾掀起一場爭議，起因是她為文批評 #MeToo 運動未能保障被指控者的正當程序權利。在寫給多倫多《環球郵報》（*Globe and Mail*）的投書〈我是壞女性主義者嗎？〉（Am I a Bad Feminist?）中，她說：兩年前，不列顛哥倫比亞大學（University of British Columbia）的一名創意寫作教授被控有不當性舉止，她曾為了捍衛他的正當程序權利而惹惱一群「好女性主義者」。「#MeToo 運動是法律體系崩壞的徵候。」愛特伍如是說。她把大學性騷擾調查比做「塞勒姆（Salem）獵巫審判[i]，在此情境之下，一個人只要受到指控就一定有罪，因為那種證據法則根本不可能證明你是無辜的」。她譴責「可以理解的、暫時性的私刑正義」變形成「受文

i 編註：一六九二年二月至九三年五月期間，在北美殖民地麻薩諸塞灣省塞勒姆（現屬美國麻薩諸塞州）多人遭控使用巫術並處以絞刑，多為女性。一開始是由於少數女孩出現昏睡症狀，或是身體抽搐，口中呻吟不斷。醫生診斷認為女孩們是受到巫術蠱惑，必須指出誰是女巫。後來事件不斷擴大，約有兩百多人被指控使用巫術，其中女性多於男性。後續審判導致二十人遭處死刑（其中十四位是女性），另有五位死於獄中。

化罣固的、執迷私刑的暴民陋習」。[1]她的批判在社群媒體上引起激烈反應，有人非難她說：「我們時代最重要的女性主義聲音之一」，竟然選擇攻擊「無權無勢的女性，好支持她有權有勢的男性友人」。[2]

金斯伯格大法官同樣也強調，在大學進行不當性舉止調查時，不論對指控者或被指控者都需要公正對待。這兩位卓越之士對公正的這份共同關切，讓她們的會晤更具意義。演講結束後，金斯伯格在休息室親切地迎接愛特伍，但也表達她自己對#MeToo運動的未來看法較為樂觀。「你剛剛講到上個世紀的女性主義有三個主要階段，傑夫問我同不同意你的看法，我說同意。」她對愛特伍說：「不過，我不覺得這次引起的反彈會造成倒退。」

愛特伍說：「但我覺得會，而且我們已經看到希拉蕊・柯林頓（Hillary Clinton）如何深受其害。我在演講裡想說的是：這是我們第一次見識到十七世紀是怎麼看待女巫的。」

金斯伯格說：「我想這次會有很多女性站出來，而且會有很多地位很高的女性發聲。現在法學院超過一半是女生，大學部也一樣。當位高權重的女性占多數，她們會關心她們的姊妹，不會讓進步倒退。」

我們穿過後臺，走出劇院。有位女性舞臺工作人員為了向金斯伯格致敬，在人行道上畫了她的巨幅畫像，她看了嘖嘖稱奇。愛特伍與我們共進晚餐，與大法官又聊了一陣。晚餐結束後，我們一起去看晚間表演：《西城故事》（*West Side Story*）。節目開始前，光玻藝術節的總監宣布金斯伯格大法官蒞臨，觀眾紛紛起立鼓掌。

我們隔天下午參觀了菲尼莫爾藝術博物館，這裡收藏亞歷山大・漢彌爾頓（Alexander Hamilton）向阿龍・伯爾（Aaron Burr）下的親筆戰帖，漢彌爾頓也在這場決鬥中喪命。[ii] 在亞歷山大・漢彌爾頓展廳裡，金斯伯格大法官望著約翰・亞當斯（John Adams）、湯馬斯・傑弗遜（Thomas Jefferson）、拉法葉侯爵（Marquis de Lafayette）、詹姆斯・麥迪遜（James Madison）等人的銅製面像說，雖然她要帶孫子們去看一齣漢彌爾頓的戲，但她最欣賞的開國元勛其實是麥迪遜。

我們走下樓梯，參觀館內收藏的美洲原住民藝術品。金斯伯格大法官在一對舞扇前停了下來。那對舞扇大約是一八七九年在阿拉斯加（Alaska）中尤皮克（Central

ii 編註：此指美國歷史上有名的伯爾－漢密爾頓決鬥（Burr-Hamilton Duel），一八〇四年七月十一日，前美國財政部長亞歷山大・漢密爾頓與時任美國副總統的阿龍・伯爾於新澤西州威霍肯進行了一次決鬥。伯爾給了漢密爾頓致命的一槍，漢密爾頓因此於第二天凌晨去世。

Yupik）製作的，用途乃於儀式舞蹈中戴在手上作為響環。舞扇旁是一對圓臉舞蹈面具，面具周圍飾以羽毛，一張在笑，另一張則皺眉。導覽人員說，笑臉的是男性，皺眉的是女性。

「一般都是這樣嗎？女的面具皺眉？男的面具笑臉？」金斯伯格大法官問。

「是。」導覽回答。大法官的媳婦派翠絲不禁開口接了一句：「至於『為什麼』，則是永遠的問題。」

那天晚上看戲之前，我們又一起在劇院庭園用餐。那晚的歌劇是音樂劇《平安夜》（*Silent Night*），講的是一次大戰時幾支軍隊在聖誕節暫時停火，一起辦了一場音樂會的故事。依我們這些年來許多次非正式對談的習慣，金斯伯格大法官請我拿出手機，在上甜點之前錄下我們的對話。她又講了一些她對#MeToo運動正當程序的進一步想法，還說到雖然安東尼·甘迺迪大法官已經退休，她對最高法院的未來「雖有疑慮，但有信心」。

❖ ❖ ❖

羅森　瑪格麗特・愛特伍昨晚說，現在是女性主義的第三次崛起。如果她是對的，接下來在法律上應該還會有什麼進展？

金斯伯格　我想其中一個會是：讓女性在養育孩子期間可以彈性上班。我曾經很驚訝過去的法律事務所一直不太能接受彈性上班，因為他們的工作性質應該是可以的，畢竟助理們現在只要有電腦，彈指之間即可查詢一整座法律圖書館。她們可以在家工作，這種事在早年是不可能的。彈性上班是給員工方便，而且男女兩性都能受惠。我們華府第一個在法律事務所彈性上班的是女性，叫布魯克絲麗・波恩（Brooksley Born），那家事務所是阿諾與波特事務所（Arnold and Porter）。她生第二胎後希望能一週上班三天，結果被告知：「可以是可以，但你這樣永遠當不上合夥人。」結果她三天的產能比別的助理平均一週的都多，所以她還是成了第一個全職（女性）合夥人。

羅　如果想保障女性在每個方面的平等權，還需要做哪些法律變革？

金　有兩大領域需要改變，一個是無意識偏見，另一個是所謂的工作－生活平衡。如果這兩個領域能改變，女性想做什麼都沒問題了。所以在我看來，一是剷除無意識偏見，二是讓工作生活和家庭生活取得平衡。

羅　這些是我們稱為#MeToo的第三波女性主義運動的目標嗎？如果不是，這個運動的其他目標是什麼？

金　我沒辦法為年輕女性代言，但我認為#MeToo在以前是不可能的。艾希莉．賈德是掀起這場運動的女性之一，她說她之前就和《紐約時報》講過哈維．溫斯坦的事，可是他們拖了兩年才報導——兩年！結果他們一報出來就引發連鎖反應。

羅　您認為這個運動會發展到哪裡？#MeToo運動的法律面向會是什麼？

金　瑪格麗特．愛特伍昨晚談#MeToo的時候，強調的是必須建立申訴管道，並且需要維持這套系統的公平性。受到性騷擾的女性，很多都有非常可怕的經歷可以訴說。不過，有時是被指控的男性沒有受到公平審理，沒人聽他說，受到指控之後，大家統統認定他是壞人。被攻擊的人有權提出自己的說法請人評理，就像指控者有權講出自己的遭遇請人伸張正義。公平是這種事裡很重要的一部分，所以對被指控者也必須公平。

羅　如果想確保指控者和被指控者都受到公平對待，怎麼做最好？我們必須要有什麼樣的程序？

金　有些大學已經訂立相關規定，就照著規定走。指控者和被指控者都有權利得到公平的裁決。

羅　職場也需要公平程序嗎？

金　當然，要有公平的程序、要讓雙方都有代表，也要有公平做出裁決的人選。瑪格麗特．愛特伍談的是要由機構之外的人獨立做出裁定。

羅　怎麼做呢？為了審理性騷擾事件，職場和大學都該成立獨立的法庭或委員會嗎？

金　應該。而且他們可能會發展出類似仲裁協會的程序，在其中設立獨立的裁決人。

羅　重點是維護公平。

金　沒錯。

羅　依六〇和七〇年代女權運動的經驗，您認為這場運動也會有開始、中期階段和末期嗎？

金　我想到我孫女和她那些朋友的情操，那讓我想起七〇年代女性的情操。瑪格麗特昨天提到反撲，但反撲從來無法讓我們全然後退，一定還是有些進展，我們也一定會前進。我真的認為，有權力地位的女性愈多，就愈不可能後退。

羅　您剛剛提到您在孫女身上看到的情操，讓您想起七〇年代。那是什麼樣的情操？

金　她認為有些事對女性不公，她希望能終結它們。她尤其關心的是對不富裕女性的生產服務。

羅　考慮到目前的法律規定，還有貧窮女性要取得這些服務可能會遇到的困難，對於這樣的問題，法律上有什麼解決辦法？

金　面對立法機關設下的限制，一種辦法是訴諸州最高法院和州憲，要求特定某些州的法院以最高法院看待平等保護的方式，解釋它們自己的平等保護條款。令我詫異的是：即使有了羅訴韋德案的判例，最高法院遇到醫療補助能否給付墮胎的問題時，還是駁回以平等權提出的訴求。有些州的州法院或許還更傾向「所有女性都有生育選擇權」，而非「只有負擔得起服務費用的女性才有生育選擇權」。

羅　如果您是州法院的法官，現在要依照上述原則寫平等保護判決，您會怎麼論證？

金　我會這樣寫：政府醫療補助給付生產服務，卻不給付墮胎或避孕服務，是政府未能提供平等保護。

羅　如果羅案的裁定被限縮或推翻的話，州法院這樣判足以確保女性取得墮胎服務嗎？

金　州沒有義務將最高法院對聯邦憲法的解釋納入州憲。

羅　可是，最保守的州法院可能會駁回您剛剛的論點，到時候貧窮的女性受害更深。

金　所以我們需要很多個州一起改變。我們可以拿死刑對照：現在處決的人一年比一年少，有些州是因為它們改了自己的法律，有些州是因為它們不執行自己的法律。死刑也許就這樣慢慢消失了。將來可能也會有夠多的州支持所有女性都有生育選擇權，不再只給付某種選擇，而不給付另一種。

羅　所以您的孫女以說服州法院為目標，應該真的很值得其他年輕女性借鏡吧？因為一州一州的法律變革真的能造成政治改變？

金　對。你的第一步當然是試著擋下州立法機關設下的限制措施。我認為立法機關和最高法院若能展開對話，對體制而言是健康的。這樣一來，即使最高法院的裁定出了問題──例如莉莉．萊德貝特案，或是七〇年代的奇異公司訴吉伯特案──國會還是可以做出回應，修改法律。

羅　現在全國普遍支持懷孕初期的生育選擇權，如果羅案被推翻，您認為國會和州可能會如何回應？

金　我想很多州絕不會走回頭路。而到時候另一個問題會變得更加惹眼──用比較直接的方式說：窮女人必須生養，富女人可以選擇。

羅　甘迺迪大法官退休了。您現在會擔心羅案有可能被推翻嗎？

金　羅案現在已經有很強的判例價值，最高法院在凱西案時也直接處理過這個議題。最高法院的答案是「不」，我們不會推翻羅案。我們已經有幾個不錯的先例，例如最高法院拒絕推翻米蘭達案。就在上一個庭期吧，有個營業稅的案子，首席在不同意見書中說：雖然他覺得有些舊裁定不對，可是它們已經寫進書裡好多年了，等於通過了複審，所以我們應該遵循它們，如果立法機關覺得應該修改，就讓它們來改。我沒辦法未卜先知，搞不好我們沒過多久就得再次直接面對這個問題。但我覺得，即使真有那天，比較可能的結果還是不推翻羅案。

羅　其他重大判例呢？優惠性差別待遇似乎岌岌可危。

金　那取決於你看的是哪個領域。我覺得教育方面不必給女性優惠性差別待遇，因為大學生已經多數是女生。我倒是覺得，無論如何，學校應該想辦法讓有身心障礙的少數群體學生入學，因為他們讀到大學的比例遠低於標準。我在羅格斯大學教書時對這件事深有所感。暴動那年，學校決定積極推行優惠性差別待遇計畫。計畫的一部分是：每個弱勢學生都由系上一名老師一對一輔導。那時候法學院入學考試（LSAT）總分八百，我負責的學生才考三百多分。他是個很聰明的學生，但沒人教過他讀書方法和寫作技巧，這麼基本的東西都沒人教過他。輔導到那個學年結束時，他入選法學評論編輯。

羅 有沒有什麼判例是您擔心被推翻的？

金 誰知道將來會怎麼樣？誰知道最高法院以後是哪些人？在歐康諾大法官離開我們之後，誰都知道最可能加入「自由大法官」陣營的是甘迺迪大法官。

羅 現在甘迺迪大法官也退休了，您對最高法院的未來感到樂觀還是悲觀？

金 我會說我雖有疑慮，但有信心。

羅 講得真好！為什麼您會覺得雖有疑慮，但有信心呢？

金 我希望現任首席能追隨前任首席的榜樣。老首席當年保住米蘭達案，也寫了挑戰《家庭與醫療假法》的希布斯案的主要意見書。現任首席可能也會走上同一條路。我們就繼續觀察吧。

羅　我知道希布斯案的勝利對您意義深重，也知道您對那個案子出力甚多。您認為倫奎斯特首席大法官為什麼會寫那份主要意見書？又為什麼會支持米蘭達案？

金　我想其中一個原因是身為首席的使命感。後世會怎麼看倫奎斯特法院？歷史會怎麼評價羅伯茲法院？對倫奎斯特來說，這不只是裁定而已。他還請了莎莉・萊德（Sally Rider）當他的行政助理——莎莉是女同志，會帶她的伴侶出席各種法院活動。

羅　您向來對最高法院有信心，也對以法律追求正義有信心。而從您剛才的談話聽來，您對以後的發展雖有疑慮，但也有信心。對擔心將來人事全非的進步派和自由派人士，您有什麼話想對他們說？

金　就像我剛剛說的，屹立多年的好判例應該經得起考驗。而首席大法官會想要歷史怎麼評價他的法院，多年後就會知道。

羅 羅伯茲首席大法官曾投票支持健康保險案，這是否代表他確實在意最高法院的制度正當性？

金 也許吧。宣布裁定時，有幾個記者沒等首席說完，就忙著衝出去說健保法被推翻了。但首席後面還說「這是稅」，所以沒問題。不過，他意見書裡談到商業條款和商業條款限制的部分就頗令人憂心。如果他拿定主意說：「對，國會有權徵稅，而這就是稅。」事情原本就不會有問題。可是他側重於商業條款的約束面，我覺得這個部分的前景並不樂觀。

羅 當我們談過性別平等、優惠性差別待遇這種種領域之後，您說您對未來雖有疑慮，但有信心；可是我反倒感覺心裡很踏實。那麼，有沒有什麼領域，是自由派和公民自由人士該擔心法院不改變立場的？

金 有一個重大領域最高法院已經做過一些裁定，但我希望將來可以推翻——關於金錢和選舉。最主要的判例是聯合公民案。我想我們愈來愈看得出來，為選舉挹注大筆資金對我們的民主戕害多深。為黨派之利劃分選區（partisan gerrymandering）[iii]也一樣。我們看看最高法院下次會怎麼處理這個議題吧，我想會很有趣。

iii 編註：意指以不公平的選區邊界劃分方式來操縱選舉票數，使投票結果有利於某方。此政治術語來自一八一二年美國麻州州長、後來的美國副總統艾布瑞基・傑利，他將某一選區劃分成蠑螈（salamander）狀，讓當時的民主共和黨得以獲勝。當時被重劃的選區中，有一選區形狀特別怪異，有如神話中的蠑螈形狀（但並非真實生物），傑利的政敵於是將傑利（Gerry）姓氏與蠑螈字尾（mander）組成「gerrymander」一字，影射黨派不公平劃分選區的現象。一九八五年，最高法院宣布此舉違憲。

CHAPTER

13

不世之功

The Heroic Legacy

最高法院二〇一八到一九年的庭期，是金斯伯格大法官人生裡的一大考驗。十一月時，也就是我和她在光玻歌劇節相聚三個月後，她在辦公室裡跌倒，斷了三根肋骨。不料這場意外讓她因禍得福：在檢查肋骨時，醫生發現她的左肺有兩個惡性腫瘤。好在發現得早，十二月底就動了手術成功切除。在復原期間，金斯伯格大法官以無比的堅毅和決心持續工作。雖然因為在家休養的關係，有十一場言詞辯論她無法出席——這是二十五年來第一次——但她還是藉由閱讀理由書和法庭紀錄參與審理。二月初，回到最高法院兩週以前，金斯伯格大法官術後第一次公開露面，出席了國家憲法中心舉辦的《聲名狼藉的ＲＢＧ之歌》表演。這組套曲由她的媳婦派

CHAPTER 13 ——不世之功
The Heroic Legacy

翠絲・麥可斯作曲和演出，將金斯伯格大法官的信件和意見書編成優美的歌曲。表演結束後，見到大法官恢復健康、笑臉迎人，我心裡十分激動。也是在那個時候，她親手交給我一張紙條，對我媽媽最近去世的事表示慰問。這就是她，即使自己才大病初癒，她也總是想著別人。

最高法院的那個庭期，是布萊特・卡瓦諾大法官接替安東尼・甘迺迪大法官之後的第一個庭期。自二〇一二到一三年庭期以後，這個庭期是五比四裁定比例最高的庭期（占了百分之二十八；在二〇一二到一三年庭期，大法官們分成保守和自由兩派的案子則占百分之八十）。不過，在意見高度分歧的五比四裁定中，只有百分之四十四是保守派大法官獲勝。相對來說，這種案子在前一個庭期則是百分之百全由保守派大法官獲勝。[1]在甘迺迪大法官退休後，首席大法官約翰・羅伯茲成了新的游離票。他在幾個重大案件中加入其他四名自由派大法官的行列，包括麥迪遜訴阿拉巴馬州案（*Madison v. Alabama*）（阿拉巴馬州本欲處決一名罹患精神疾病的罪犯，最高法院阻止行刑），以及商務部訴紐約案（*Department of Commerce v. New York*）（川普政府打算在二〇二〇年人口普查中加入受訪者是否為美國公民的問題）。從一九三〇年代的查爾斯・艾文斯・休斯（Charles Evans Hughes）大法官之後，羅伯茲是第一位游離票首席大法官，這讓最高法院成為名符其實的「羅伯茲法院」。他在七件五比四裁定中加入其他四名保守派大法官，最明顯的是魯丘訴共同事業案（*Rucho v. Common Cause*）。在這個案件中，最高法院認為政黨依自身利益劃分選區是政治問題，不歸聯邦法院管轄。這項裁定讓艾蓮娜·卡根大法官十分失望，她在不同意見書中批判多數派大法官袖手旁觀，拒絕出手確保「自由和公平的選舉」。她也引用〈獨立宣言〉的名句：「政府之正當權力，是經被治理者的同意而產生的」，並提出詰問：「美國民主豈該如此？」

金斯伯格在這個庭期寫了六份主要意見書，是所有大法官中最少的，部分原因是：她把一份重要的主要意見書指派給卡根大法官。這個案子是岡迪訴美國案（*Gundy v. United States*），最高法院以五比三做出裁定（卡瓦諾大法官未參與此案），不允許恢復所謂「禁止授權原則」（nondelegation doctrine）。在前新政時代，這項原則限制國會授權給行政單位做決策。「如果〔這種〕授權違憲，那麼政府絕大部分機構也都違憲。」卡根寫道：「政府和國會一樣，要實施計畫，就需要給執行官員裁量空間」。在三個意見高度分歧的案子裡，金斯伯格也成功說服兩名新進的保守派同事（尼爾·戈蘇奇和布萊特·卡瓦諾大法官），讓持不同意見的首席大法官羅伯茲和大法官克拉倫斯・托馬斯成為少數派。身為這三個案子裡最資深的多數派大法官，金斯伯格將兩份主要意見書指派給戈蘇奇大法官（在五比四的案件中，他有百分之二十的時候與自由派大法官站在同一邊），另一份指派給卡瓦諾大法官。她之所以能爭取到這兩名大法官的支持，是因為他們對法律解釋的看法很不一樣——在過去五十年由同一名總統任命的大法官裡，他們在第一個庭期意見一致的頻率是最低的。與金斯伯格最常意見一致的大法官是索尼婭・索托瑪約，在主要意見書由山繆・阿利托大法官主筆的美國退伍軍人協會訴美國人文主義協會案（*American Legion v. American Humanist Association*）裡，索托瑪約是唯一一個加入金斯伯格不同意見書的大法官（這個案子的爭點是：馬里蘭州的公有地上有一座一次大戰紀念碑，外型是布蘭登堡和平十字架〔Bladensburg peace cross〕，高四十呎。可是依第一修正案的政教分離原則，政府設施上不應出現宗教標誌。最高法院裁定該紀念碑不違反第一修正案，可予保留）。

儘管金斯伯格大法官這個庭期仍在恢復期，她寫主要意見書的速度還是比其他大法官都快：從言詞辯論到公布裁定，她平均只要七十一天，打破紀錄。[2]

二〇一九年七月二日，我一進她的辦公室，就為她驚人的專注力震懾。這份力量讓她能全神貫注於手邊的工作，不為任何干擾分心（幾個月前，她的助理湊到辦公室為她慶生。當時她全部心思都放在工作，沒注意到周圍的人愈來愈多，抬起頭來才發現房間裡全都是人，吃了一驚。她是如此聚精會神，以至於沒注意到自己身邊擠滿了人）。約定的時間剛過，她就到接待室和藹地招呼我，帶我進辦公室。房裡的背景音樂是布拉姆斯（Brahms）的室內樂，大法官說演奏者是小提琴家約夏．貝爾（Joshua Bell）、鋼琴家傑里米．登克（Jeremy Denk）和大提琴家史提芬．伊瑟利斯（Steven Isserlis）。五月為大法官們辦春季音樂會的時候，她曾邀請他們來最高法院演奏。我們決定繼續播放這片《布拉姆斯之愛》（*For the Love of Brahms*），讓悠揚的樂聲伴著我們接下來的對話。

❖ ❖ ❖

羅森　我們一開始是因為音樂和歌劇而相熟的。為什麼音樂對您這麼重要？

金斯伯格　喔，音樂是讓生命更加美好的事物之一。即使現在，我大多數時間都還是會放音樂。但要是我的意見書就是有哪個部分沒寫好，我還是得關掉音樂，開始專心。我大多數時候是放歌劇，或是挑其他好聽的音樂演奏。我每天早上起床第一件事就是打開收音機，調到90.9，那是華府地區的古典音樂台。我兒子也送了我一大堆CD。我沒辦法想像人生裡沒有音樂。

羅 音樂能讓您抽離自我嗎？

金 能。歌劇很能讓我抽離。有時候我滿腦子都是下週就要完成的意見書或辯論，可是一去看歌劇，我整個人就沉浸在音樂裡，不會再想理由書或意見書上的論證。

羅 在您看過的歌劇裡，哪幾場表演最讓您難忘？

金 切薩雷・席耶比（Cesare Siepi）演的《唐・喬望尼》，他演唐・喬望尼的功力登峰造極。大都會歌劇院（Met）很常演那齣戲，年年都演。我對席耶比演的那一次印象特別深刻。他的歌聲非常圓潤。

另一場是我一九五八年在波士頓看的《蝴蝶夫人》（*Butterfly*），那時候大都會歌劇院還沒搬到現在的地方。那齣戲的導演是日本人，他還教女演員日本女性走路的樣子。安東妮塔・史戴拉（Antoinetta Stella）演蝴蝶夫人。雖然觀眾不多，但那場戲非常好。

華盛頓歌劇院今年用《奧泰羅》開幕。大都會歌劇院有好多年一直演《奧泰羅》，我幾年前去看了最後一場，現在他們換新劇了。那一場演伊阿高（Iago）的是湯瑪斯・漢普森（Thomas Hampson）。他演得棒極了——簡直是惡魔的化身。不過，我在大都會歌劇院最棒的一個晚上，應該是看李奧汀・普萊絲（Leontyne Price）和弗蘭科・科萊里（Franco Corelli）同時登臺首演，唱的是《遊唱詩人》（*Trovatore*）。

羅　哇！

金　那場首演是在舊的大都會歌劇院。雷歐納德・華倫（Leonard Warren）猝死的那天晚上，我們也是去那邊看《命運之力》（*Forza*）。華倫唱弄臣那個角色唱得極好，是我聽過最好的一個版本。

羅　您是說，他一九六〇年猝死那晚，您在現場？

金　對。我和馬蒂都在。

羅　天啊！你們當時知道出了什麼事嗎？

金　他唱完一首精采的詠嘆調之後，突然倒了下來。下一個衝上舞臺的是他的醫生，他跟男中音說男高音沒事。接著布幕降了下來，然後是很長的中場休息時間。觀眾回到座位後，魯道夫・賓（Rudolph Bing）向大家宣布：「雷歐納德・華倫今晚去世。演出停止。」那晚的男高音是理查・塔克（Richard Tucker）。他和華倫是很好的朋友。

羅　我得告訴您一件事：這個庭期才結束沒幾分鐘，您就寫電郵對我說這本書的初稿您已經改好了，我看到信的時候驚訝得目瞪口呆。您怎麼有辦法這麼專心？是因為自律，還是因為您全然投入工作？——您怎麼做到的？

金　我沒什麼魔法公式，我工作的時候一直是這樣。每次看稿，我都會發現我寫得不如我以為的清楚。所以我會做些修改，減少混淆，把某些部分說得更清楚。

羅　您的文字的確條理分明，擲地有聲。您的高度自律更是令人嘆服。您常提到令堂的告誡：像憤怒和嫉妒這樣的情緒無濟於事。這是偉大智慧傳統的提醒，但付諸實踐難如登天。

金　的確。

羅　您怎麼實踐呢？

金　因為我知道，如果我不拋開這些無濟於事的情緒，我會陷在那裡白白流失可貴的時間，沒辦法用它做有意義的事。

我這個庭期不太好過，因為從十一月跌斷肋骨到五月初，肺癌對我造成很大的妨礙。對我來說，那段時間最好的事就是坐著讀意見書初稿，專注在工作上，不去想身體上的不舒服。

我這個庭期不太好過還有別的原因。我想你看到這個庭期最後幾週的結果了。在選區劃分那個案子上，我覺得艾蓮娜．卡根的不同意見書寫得非常好。

羅　她引用〈獨立宣言〉，說民主之本正面臨威脅。無法透過法院挑戰黨派選區劃分這件事，您認為會帶來什麼危險？

金　我想，州法院還是有些希望。賓州就是這樣，他們認定極端的選區劃分違反州憲。可是從最高法院目前的成員結構來看，改變的可能性不高。另外，布蘭登堡十字架那個案子我雖然心裡有數，但看到只有索托瑪約大法官站在我這邊，我還是覺得難過。布雷耶是這樣說的：我們之間的分歧，或許反映的是在舊金山（San Francisco）長大和在布魯克林（Brooklyn）長大的不同——他是舊金山人，我出身布魯克林。

羅　那裡以前一定也有不少十字架。有一件涉及雙重追訴（double jeopardy）的案子，只有戈蘇奇大法官與您站在同一邊。[i]

金　是。事實上，有仔細關注我們的人應該有發現，我這個庭期指派給戈蘇奇兩份意見書，指派給卡瓦諾一份。那幾個案子的意見書之所以由我指派，是因為首席和托馬斯大法官站在另一邊，於是我成了多數派裡最資深的大法官。

羅　您怎麼看卡瓦諾大法官的第一個庭期？

金　他人很好，工作也非常努力，而且他創造了一個很重要的「第一次」：他的法律助理全是女性，讓最高法院的法律助理有史以來第一次女性多於男性。

羅　戈蘇奇大法官呢？

金　他也是個很好相處的人。可是在某些議題上，他還沒開口你就猜得到他的看法。話說回來，我想我們每一個都是這樣。這個庭期有個挺重要的案子，岡迪案，討論的是該不該恢復禁止授權原則。我想這個議題不用多久就會再來一次，等九個大法官全都能參與的時候。

羅　卡根大法官為岡迪案寫的主要意見書說：恢復禁止授權原則等於是終結政府。如果恢復禁止授權原則，真的會那樣嗎？

金　我想我們得觀察。從新政早年的最高法院之後，我們沒再想過這個原則。

i　譯註：這個案件是甘伯爾訴美國（*Gamble v. United States*），最高法院以七比二做出裁定，只有金斯伯格和戈蘇奇兩名大法官持不同意見。

羅　最高法院從這個原則看出什麼危險？為什麼恢復禁止授權原則影響極大？為什麼這類原則會讓政府難以發揮功能？可以請您幫大家說明一下嗎？

金　讓民眾瞭解行政法領域並不容易。當然，我們會設法防止行政單位濫用職權。國會可以給某個單位很廣的裁量權，但要是國會不滿那個單位的表現，它也可以停止授權。有人主張立法機關應該在法律裡明定什麼能做、什麼不能做，可是立法機關不可能預見所有情況，我不理解它要怎麼明定它無法預見的事。

羅　在政治對立勢如水火的此刻，如果國會什麼都得明定，實務上是不是讓政府很難運作？

金　我不曉得我們該怎麼讓國會重新開始運作。可是看到我的孫女和她的朋友，我還是覺得樂觀。克拉拉（Clara）知道鼓勵大家踴躍投票的重要性。

羅　在甘迺迪大法官的位子由卡瓦諾大法官接替之後，最高法院有什麼變化嗎？

金　我覺得珊卓拉離開的時候變化比較大。她是在庭期中離開的。沒有她的那幾個月，每次遇到差距很小的案子，我都會想：要是她在的話，我就是多數方而非少數方。你有沒有讀過艾文·托馬斯（Evan Thomas）〔為歐康諾大法官〕寫的傳記？寫得非常好，不過有個地方我要更正。托馬斯說我有一次在最高法院停車入庫的時候，不小心刮到珊卓拉的車。鳳凰臺的人誇大了這件事。艾文·托馬斯想為我開車技術不佳找個理由，就說我是人過中年搬到華府之後才學開車。其實我二十歲就拿到駕照了！我的確開得很爛，可是我只有刮到珊卓拉的車一次，沒有很多次。

（笑）

羅　明年是第十九修正案一百週年。您認為平權修正案可能敗部復活嗎？有沒有這個機會？

金　有，我覺得有，但我希望能看到它重新開始。有人說只要再三個州批准，平權修正案就生效了，但我認為這樣行不通。因為有幾個州已經撤回了批准，所以還得算上它們。重新開始比較好，我希望重頭來過。

羅　如果現在請您說明為什麼批准平權修正案很重要，您會怎麼說？

金　男女平等公民權利是政府該具有的基本工具。它應該是社會基本原則，像言論自由和宗教自由一樣。而在一九五〇年後，世界上的每一部憲法都把它列為基本權利。雖然它在很多國家形同具文，但它們至少承認它是基本人權。以平等保護條款保障男女平等公民權其實有些諷刺，因為憲法頭一次出現「男性」（male）這個詞，就是平等保護條款所屬的修正案帶進來的。[ii]

羅　所以您不是原義主義者？

金　我是原義主義者。我認為我們一直都在打造更美好的聯邦，這是開國元勛的願望。也許現在有些事不盡如人意，但情況已經比以前要好。儘管現在不是最好的時代，但看看我這輩子經歷過多少壞時代：從二次大戰開始，成長過程簡直是完全無法承受；大學時是麥卡錫參議員；然後是越戰。但不知怎麼地，我們就是熬過來了。

羅　您講過憲法變得愈來愈樂於擁抱（embracive）。這是您的用字，形容得很美。您

金　用「擁抱」的意思是？
　　擁抱被遺漏的人，讓他們成為共同體的一部分。張開雙臂，而非不情不願。

羅　對您來說，憲法應該是這樣才對？

金　沒錯，我相信這是開國元勛的心願。

羅　我看到一份二〇一〇年的民調，它說美國人比較支持原義主義而非活憲法主義（living constitutionalism），比例是百分之四十九比四十二。您認為原因何在？

金　我認為，那是因為大家對這兩個詞的意義並不清楚。

羅　那麼，請幫我們瞭解清楚。原始憲法想說什麼？

金　原始憲法和修訂過的《權利法案》中，有很多主題可以隨著時代演變而適用於

ii 譯註：平等保護條款所屬之第十四修正案第二款為：「如果一個州拒絕任何年滿二十一歲的合眾國男性公民參加……各項選舉……則該州在眾議院議席的數目，應按照該州這類男性公民的數目對該州年滿二十一歲男性公民總數的比例加以削減。」

社會，例如言論自由、出版自由、宗教自由，還有最重要的正當法律程序。雖然到一八六八年之前，奴隸制一直讓平等這個理想蒙塵，把它排拒於憲法之外，可是〈獨立宣言〉裡充滿這個觀念。

羅　而您相信：為了實現憲法和〈獨立宣言〉的承諾，擴大憲法的保護範圍是很重要的？

金　〈獨立宣言〉是我們的第一份平等聲明，雖然寫下名句「人人生而平等」的是個奴隸主。

羅　我又看了一次您十三歲寫的文章，關於〈獨立宣言〉、〈大憲章〉、十誡，還有〈聯合國憲章〉。我真的非常感動。

金　那是個充滿希望的時代。大家夢想世界一家，相信羅斯福總統說的四大自由可以實現。[iii]現在不一樣了，我即將要出發到里斯本（Lisbon）參加一場紐約大學辦的會議，一開頭就是好幾篇談脫歐的文章，而下一個主題是民主解體。

羅　民粹主義在西方抬頭的確是大問題。您會不會擔憂：我們正看著開國元勛憂心的那種煽動家崛起？

金　會。

羅　社群媒體是不是也參與其中？

金　是。我覺得還有很重要的一部分，是傑德·凡斯（J. D. Vance）在《絕望者之歌》（*Hillbilly Elegy*）講的那種不滿，覺得我們的政府機構根本不管他們的那種不滿。

羅　修復民主是大工程，遠超過我們任何一個人的能力。不過，有什麼事是我們能做的呢？

金　我想，其中很重要的一件事是教孩子民主。我們小時候在學校的公民課會學，現在卻不學了。對了，你看過《憲法對我意義何在？》（*What the Constitution Means to Me?*）[iv]了嗎？

iii 譯註：四大自由：言論自由、宗教自由、免於匱乏的自由，以及免於恐懼的自由。

羅　還沒，但我知道您看過了。您的感想是？

金　我好喜歡。第二幕最後是一個女生站上舞臺，參與一場關於民主的對話。那個角色由兩個女生輪流演出，我去看的那晚是年紀比較大的那個演。她十八歲，剛高中畢業，我會跟她保持聯絡。那些年輕女生讓我覺得心情一振。

羅　她們的哪個部分讓您感到振奮？那齣戲想傳達什麼？

金　那齣戲的開頭是一個小女生滔滔不絕讚美憲法，在美國退伍軍人協會辦的比賽裡得獎。年紀大了以後，她開始質疑憲法是不是真的像她小時候說的那麼好？是不是真的那麼保障人民？最後她問觀眾一個問題：我們該保留這部憲法嗎？還是重寫一部？觀眾壓倒性地投保留，聽他們說大部分的場次都是如此。

羅　為什麼大家傾向保留？為什麼我們應該保留？

金　如果真的從零開始重寫一部，我們憑什麼認為自己能寫得更好？

羅　很謝謝您為家母的事寫給我的話。您說的繼續工作、好好生活，的確至關重要。

金　她聽起來是我會喜歡的人。

羅　如果請您給年輕女孩或男孩一些建議，談談怎麼保持自律、活得更充實，成為一個有同理心的人，您會怎麼建議？

金　如果想讓夢想成真，你必須願意付出相應的努力。在我們的社會，只要你有意願、有決心、肯投入，你有資質成為什麼樣的人，你就能成為什麼樣的人。我也想告訴大家：好公民有權利，也有義務——協助維護民主的義務。年輕人應該追求超乎一己之私的事、自己真正有熱情的事，像終結歧視、守護地球等等。

羅　您對最高法院的未來感到樂觀還是悲觀？

金　我對最高法院心存崇敬。我相信每個大法官都是如此。最重要的是：我們都想確保在自己離開最高法院的時候，它仍像我們進來的時候一樣健全。從以前到

iv　編註：二〇一七年由劇作家海蒂・施萊克（Heidi Schreck）創作的美國戲劇。該劇於二〇一九年三月底於在百老匯首演，施萊克本人亦擔任一角。

現在，美國最高法院大多數時候是司法獨立和說理義務的表率，不只是我們國家的表率，也是全世界的表率。我們和政治上的政府部門不一樣，我們必須為自己的主張提出理由。但願永遠如此。不論是開會還是寫意見書，我都盡我所能以理服人。雖然有時成功、有時失敗，但我會繼續這樣做。

謝辭
Acknowledgments

艾絲黛爾．羅森（Estelle Rosen），我深愛的母親，於二〇一九年一月二十七日謝世。一週後，金斯伯格大法官遞給我一張手寫的字條，我將它錄於題獻。金斯伯格大法官說對了，媽媽的確是個樂於接受挑戰和用心享受人生的人。

艾絲黛爾．羅森全身散發自然的力量，與自然猶如一體。她從小擅長辨認鳥類、菇類、植物和花朵，這種天分讓每一個認識她的人嘖嘖稱奇。自然的力量強烈凸顯在她的性格——她熱愛生命，喜歡以音樂、閱讀、歌唱和舞蹈陶冶個性，她終身樂在求知，這股熱忱感染了她的家人和認識她的人，讓他們也終身渴求學習。

和金斯伯格大法官一樣，我媽也在一九三三年出生於紐約，晚大法官一個月。

上個世紀之交，她年幼的父母——約瑟夫・卡岑柏格（Joseph Katzenberg）和貝爾妲・沃林斯基・卡岑柏格（Bertha Wolinsky Katzenberg）——隨家人逃過比薩拉比亞（Bessarabia）和葉卡特里諾（Ekaterinoslav）的屠殺，來到美國尋求自由，在紐約艾利斯島（Ellis Island）登岸。媽媽在布朗克斯（Bronx）成長，在鄰近紐約植物園和布朗克斯動物園的公立學校表現傑出。高中時，她因為英文課程表現特優獲獎。照畢業紀念冊說，她的抱負是與瑪莎・葛蘭姆（Martha Graham）——現代舞界的畢卡索——共舞。隔年，她真的實現目標，從哈林區（Harlem）紐約市立學院（City College）搭地鐵到葛蘭姆在百老匯（Broadway）的小工作室習舞。從葛蘭姆和她的移民父母身上，媽媽學到了她後來也傳給孩子的價值觀：保持對書本和音樂的熱情，還有，透過嚴格自律和專心練習，每一個人都能展現獨一無二的活力和個性。

媽媽在紐約市立學院讀的是英國文學和人類學，畢業後繼續進入哥倫比亞大學社會工作學院（Columbia School of Social Work）就讀，發展家族治療專長。她成為優異的家族治療師，除了個人執業之外，也在猶太家庭與兒童服務委員會（Jewish Board of Family and Children's Services）教育和督導其他家族治療師，前後六十餘年。她的諮詢和教學對其他人的人生影響甚鉅。她與我父親史德奈・羅森（Sidney Rosen）結褵六十五年，兩人先後住在紐約市和紐約州索格蒂斯（Saugerties）。在索格蒂斯的歲月，她盡情浸淫於她熱愛的大自然。她對生命的熱情，還有她深化自身理性與感性的決心，是她送給她深愛的家人最可貴的禮物。

在金斯伯格大法官同意支持本書的寫作和出版時，媽媽與我一樣滿心興奮。得知大法官願意撥冗審閱初稿，我的感謝難以言喻。金斯伯格大法官帶給我們的啟發有很多層面，其中包括如何活出良善的人生——如何活出專心致志、嚴格自律、不吝為他人福祉付出的人生。在她所做的每一件事上，金斯伯格大法官都展現出自制、溫暖和對別人的關懷。與她討論這本書的過程中，我對此深有體會。她是謹慎細心的編輯，也對期限說一不二。在說明想法的時候，她總是清晰俐落。她也總是善用每一刻投入工作、欣賞音樂或從事休閒。我每一天都受到她的這些特質鼓舞，我希望讀者也會如此。不論在律師、法官或最高法院大法官的崗位上，她都身先士卒，勇往直前，因為她的努力，「我們人民」這個概念如她所說，「擁抱的人愈來愈多」。她是為人處事的表率，也是憲法的英雄。

我何其有幸能三度獲得保羅・郭洛伯（Paul Golob）的協助，在很緊湊的期限內完成這本書。保羅是十分優秀的編輯，也是我的好友，他在這些對話裡找出共同主題，重新整理成書，並為之增色。在這個過程中，他除了展現一貫的修潤功力，也力求清晰，並且和善但堅決地促我在期限內完成。我也要謝謝保羅的助理芙歐拉．艾爾伯斯－提比茲（Fiora Elbers-Tibbitts），這本書之所以能迅速從草稿走向出版，都是因為有她協助。謝謝我的經紀人拉菲．薩加林（Rafe Sagalyn），是他幫助我在與保羅的對話中勾勒出這本書的樣貌。我在國家憲法中心的同事、憲法內容組長拉娜．伍瑞克（Lana Ulrich）協助我整理逐字稿、校對初稿、檢查註釋，我謹在此向她和國家憲法中心的每位好同事致謝，他們讓我每天上班都深以為幸。金斯伯格大法官已對我國憲法貢獻良多，而我們的使命是鼓勵每個年齡層的美國人多多認識憲法。

史德奈．羅森，我睿智而慈祥的爸爸，精神科醫師，許多病人奉為心靈導師的哲人，在我即將寫完這本書之際，也以九十三歲之齡完成他的作品：《認識艾瑞克森式催眠治療：史德奈．羅森醫師作品選集》（*Understanding Ericksonian Hypnotherapy: The Selected Writings of Sidney Rosen, M.D.*）。他的初稿令我嘆服，我陪他整理了每一篇的引言。對於想像轉化現實的力量，從小到大他教導了我許多。我疼愛的兒子雨果．羅森（Hugo Rosen）和塞巴斯欽．羅森（Sebastian Rosen），在鍛鍊身、心、技藝、沉浸於音樂、運動和熱烈的辯論之餘，也不斷帶給我靈感。

我深愛的妻子蘿倫．科伊爾．羅森（Lauren Coyle Rosen）通讀初稿，大幅改進結構，調整遣辭用句，讓文字更加流暢。我每每讚嘆她的聰慧與創意，更感謝能有機會與她一同學習，將我們的閒暇時光投注於閱讀、欣賞音樂和追求靈性與智性成長。

註釋
Notes

書中對話，出自作者下列訪問：

"A Conversation with Justice Ruth Bader Ginsburg," Aspen Ideas Festival, Aspen, Colorado, July 8, 2010.

"An Evening with Justice Ruth Bader Ginsburg," National Constitution Center, Philadelphia, Pennsylvania, September 6, 2013.

Interview with Justice Ruth Bader Ginsburg after the National Constitution Center performance of *Scalia/Ginsburg*, Washington, DC, April 24, 2014.

"Ruth Bader Ginsburg Is an American Hero," *New Republic*, September 28, 2014.

"A Conversation with Supreme Court Justice Ruth Bader Ginsburg," The Aspen Institute, Washington, DC, October 27, 2014.

"A Conversation with Justice Ruth Bader Ginsburg," National Constitution Center, Philadelphia, Pennsylvania, February 12, 2018. Interview with Justice Ruth Bader Ginsburg at Glimmerglass, Cooperstown, New York, August 18, 2018. Interview with Justice Ruth Bader Ginsburg at the Supreme Court, Washington, DC, July 2, 2019.

序文

文中所引案例（依出現順序排列）：

Welsh v. United States, 398 U.S. 333 (1970)

Moritz v. Commissioner, 469 F.2d 466 (10th Cir. 1972)

Roe v. Wade, 410 U.S. 113 (1973)

Ibanez v. Florida Department of Business and Professional Regulation, Board of Accountancy, 512 U.S. 136 (1994)

Ratzlaf v. United States, 510 U.S. 135 (1994)

Bush v. Gore, 531 U.S. 98 (2000)

原註：

1 Ruth Bader Ginsburg, "Some Thoughts on Judicial Authority to Repair Unconstitutional Legislation," *Cleveland State Law Review* 28 (1979): 301, http://engagedscholarship.csuohio.edu/clevstl-

rev /vol28/iss3/3.

2 Jeffrey Rosen, "The List," *New Republic*, May 10, 1993, https://newrepublic.com/article/73769/the-list-0.

3 Daniel Patrick Moynihan to Martin Peretz, April 10, 1994. On file with author.

4 Suzy Hagstrom, "Silvia Safille Ibanez, Still Fighting After a Big Victory," *Orlando Sentinel*, December 31, 1995, http://articles.orlandosentinel.com/1995-12-31/news/9512291309_1_ibanez-florida-certified-financial.

5 Jeffrey Rosen, "The New Look of Liberalism on the Court," *New York Times Magazine*, October 5, 1997, https://archive .nytimes.com/www.nytimes.com/library/politics/scotus/articles /100597ny-tmag-ginsburg-profile.html.

第1章——她的指標案件

文中所引案例：

Brown v. Board of Education of Topeka, 347 U.S. 483 (1954)

Hoyt v. Florida, 368 U.S. 57 (1961)

Reed v. Reed, 404 U.S. 71 (1971)

Frontiero v. Richardson, 411 U.S. 677 (1973)

Welsh v. United States, 398 U.S. 333 (1970)

Craig v. Boren, 429 U.S. 190 (1976)

Weinberger v. Wiesenfeld, 420 U.S. 636 (1975)

Goesaert v. Cleary, 335 U.S. 464 (1948)

原註：

1 "Reed vs. Reed at 40: Equal Protection and Women's Rights," *Journal of Gender*, Social Policy and Law 20 (2011): 317.

第2章——婚姻是平等個體的結合

原註：

1 Jane Sherron De Hart, *Ruth Bader Ginsburg: A Life* (New York: Alfred A. Knopf, 2018), p. 44.

2 Ibid., p. 56.

3 Ruth Bader Ginsburg, "The Status of Women: Introduction," *American Journal of Comparative Law* 20 (1972): 509–25.

4 Martin D. Ginsburg, "Reflections on Supreme Court Spouse- hood," delivered at Ninth Circuit Judicial Conference Breakfast, Maui, Hawaii, August 22, 1995.

5 De Hart, *Ruth Bader Ginsburg*, p. 416.

6 Hanna Rosin, "The End of Men," *Atlantic* (July/August 2010), https://www.theatlantic.com/mag-

azine/archive/2010/07/the-end-of -men/308135/.

第3章——羅訴韋德案

文中所引案例：

Roe v. Wade, 410 U.S. 113 (1973)

Planned Parenthood of Southeastern Pennsylvania v. Casey, 505 U.S. 833 (1992)

Struck v. Secretary of Defense, 409 U.S. 1071 (1972)

Gonzales v. Carhart, 550 U.S. 124 (2007)

Stenberg v. Carhart, 530 U.S. 914 (2000)

McCullen v. Coakley, 573 U.S. 464 (2014)

原註：

1 Ruth Bader Ginsburg, "Speaking in a Judicial Voice," Madison Lecture Series, *New York University Law Review* 67 (1992): 1199.

2 Ibid., p. 1208.

3 Ruth Bader Ginsburg, "Some Thoughts on Autonomy and Equality in Relation to *Roe v. Wade*," *North Carolina Law Review*, vol. 53 (1985): 385.

4 Ginsburg, "Speaking in a Judicial Voice," p. 1198.

第4章——權利法案與平等保護

文中所引案例：

United States v. Virginia, 518 U.S. 515 (1996)

M. L. B. v. S. L. J., 519 U.S. 102 (1996)

Olsen v. Drug Enforcement Administration, 878 F.2d 1458 (D.C. Cir. 1989)

Burwell v. Hobby Lobby Stores, Inc., 573 U.S. 682 (2014)

Young v. United Parcel Service, Inc., 575 U.S. ___ (2015)

Geduldig v. Aiello, 417 U.S. 484 (1974)

General Electric Co. v. Gilbert, 429 U.S. 125 (1976)

Welsh v. United States, 398 U.S. 333 (1970)

California Federal Savings & Loan Association v. Guerra, 479 U.S. 272 (1987)

Vorchheimer v. School District of Philadelphia, 400 F. Supp. 326 (E.D. Pa. 1975)

Smith v. Doe, 538 U.S. 84 (2003)

Gideon v. Wainwright, 372 U.S. 335 (1963)

Snyder v. Phelps, 131 S. Ct. 1207 (2011)

Riley v. California, 573 U.S. ___ (2014)

United States v. Jones, 565 U.S. 400 (2012)

原註：

1 De Hart, *Ruth Bader Ginsburg*, p. 35.

2 *Vorchheimer v. School District of Philadelphia*, 400 F. Supp. 326 (E.D. Pa. 1975).

3 *M.L.B. v. S.L.J.*, 519 U.S. 102 (1996).

4 *Olson v. Drug Enforcement Administration*, 878 F.2d 1458 (D.C. Cir. 1989).

5 *Young v. United Parcel Service, Inc.*, 575 U.S. ___ (2015).

6 *Geduldig v. Aiello*, 417 U.S. 484, 496 n.20 (1974).

7 Ruth Bader Ginsburg and Susan Deller Ross, "Pregnancy and Discrimination," *New York Times*, January 25, 1977, https://www.nytimes.com/1977/01/25/archives/pregnancy-and-discrimination.html.

8 Ruth Bader Ginsburg, "Some Thoughts on the 1980's Debate over Special versus Equal Treatment for Women," *Law & Inequality* 4 (1986): 145, http://scholarship.law.umn.edu/lawineq/vol4/iss1/11.

第5章——法界姊妹

文中所引案例：

Safford Unified School District v. Redding, 557 U.S. 364 (2009)

Bush v. Gore, 531 U.S. 98 (2000)

United States v. Virginia, 518 U.S. 515 (1996)

Citizens United v. Federal Election Commission, 558 U.S. 310 (2010)

Shelby County v. Holder, 570 U.S. 529 (2013)

Burwell v. Hobby Lobby Stores, Inc., 573 U.S. 682 (2014)

原註：

1 Ruth Bader Ginsburg, "The Progression of Women in the Law," *Valparaiso Law Review* 29 (1994): 1175.

2 Ibid., p. 1174.

3 De Hart, *Ruth Bader Ginsburg*, p. 383.

4 Ibid.

5 Transcript of Oral Argument in *Safford Unified School District No. 1 v. Redding*, 45–46, April 21, 2009, https://www.supremecourt .gov/oral_arguments/argument_transcripts/2008/08-479.pdf.

6 *Safford Unified School District No. 1 v. Redding*, 557 U.S. 364 (2009) (Ginsburg, J., concurring).

7 De Hart, *Ruth Bader Ginsburg*, p. 328.

8 Remarks by Justice Ruth Bader Ginsburg on Presentation of Torchbearer Award to Justice Sandra Day O'Connor, Women's Bar Association of Washington, DC, May 14, 1997.

9 Joan Biskupic, "Female Justices Attest to Fraternity on the Bench," *Washington Post*, August

21, 1994, https://www .washingtonpost.com/archive/politics/1994/08/21/female-justices-at-test-to-fraternity-on-bench/b43a9c49-8b7b-4adc-9972-ceb31402287a/?utm_term=.12bae40d-0b9c.

10 Remarks by Justice Ginsburg, Presentation of Torchbearer Award.

11 "When Will There Be Enough Women on the Supreme Court? Justice Ginsburg Answers That Question," *PBS NewsHour*, PBS, February 5, 2015, https://www.pbs.org/newshour/show/justice-ginsburg-enough-women-supreme-court.

12 De Hart, *Ruth Bader Ginsburg*, p. 382.

13 Ibid., p. 341.

14 Ruth Bader Ginsburg, foreword to Bryant Johnson, *The RBG Workout: How She Stays Strong . . . and You Can Too!* (New York: Houghton Mifflin Harcourt, 2017), p. 6.

15 Carla Herreria, "Ruth Bader Ginsburg Slams Senate Hearings as a 'Highly Partisan Show,'" *Huffington Post*, September 13, 2018, https://www.huffingtonpost.com/entry/ruth-bader-ginsburg-senate-supreme-court-hearings_us_5b999d0fe4b0162f4733cf91.

第6章——尼諾

文中所引案例：

Bush v. Gore, 531 U.S. 98 (2000)

District of Columbia v. Heller, 554 U.S. 570 (2008)
Craig v. Boren, 429 U.S. 190 (1976)
Gonzales v. Carhart, 550 U.S. 124 (2007)
Maryland v. King, 569 U.S. 435 (2013)

原註：

1 Rosen, "The List"; Ruth Bader Ginsburg, Eulogy for Justice Antonin Scalia, March 1, 2016, https://awpc.cattcenter.iastate.edu/2017/03/21/eulogy-for-justice-antonin-scalia-march-1-2016.

2 "The Case of the Notorious RBG: New at Reason," *Reason*, January 5, 2019, https://reason.com/blog/2019/01/05/the-case-of-the -notorious-rbg-new-at-rea.

3 "Supreme Court Justices Weigh in on Antonin Scalia's Death," *USA Today*, February 14, 2016, https://www.usatoday.com/story/news/politics/2016/02/14/statements-supreme-court-death-justice-scalia/80375976/./.

4 Ginsburg, Eulogy for Justice Antonin Scalia.

5 Herreria, "Ruth Bader Ginsburg Slams Senate Hearings."

6 Christopher E. Smith et al., "The First-Term Performance of Ruth Bader Ginsburg," *Judicature* 78 (1994–95): 74, https://heinonline .org/HOL/LandingPage?handle=hein.journals/judica78&div=21&id =&page=.

7 Ginsburg, Eulogy for Justice Antonin Scalia.

8 Joan Biskupic, *The Chief: The Life and Turbulent Times of Chief Justice John Roberts* (New York: Basic Books, 2019), p. 306.

第7章——兩位首席

文中所引案例：

Frontiero v. Richardson, 411 U.S. 677 (1973)

Taylor v. Louisiana, 419 U.S. 522 (1975)

United States v. Morrison, 529 U.S. 598 (2000)

Nevada Department of Human Resources v. Hibbs, 538 U.S. 721 (2003)

United States v. Virginia, 518 U.S. 515 (1996)

Citizens United v. Federal Election Commission, 558 U.S. 310 (2010)

Shelby County v. Holder, 570 U.S. 529 (2013)

National Federation of Independent Business v. Sebelius, 567 U.S. 519 (2012)

Miranda v. Arizona, 384 U.S. 436 (1966)

Burwell v. Hobby Lobby Stores, Inc., 573 U.S. 682 (2014)

原註：

1 Ruth Bader Ginsburg, "In Memoriam: William H. Rehnquist," *Harvard Law Review*, vol. 119

(2005): 6.

2 De Hart, *Ruth Bader Ginsburg*, p. 327.

3 Jeffrey Rosen, "Rehnquist the Great?," *Atlantic*, April 2005, https://www.theatlantic.com/magazine/archive/2005/04/rehnquist -the-great/303820/.

4 Bernard Weinraub, "Burger Retiring, Rehnquist Named Chief; Scalia, Appeals Judge, Chosen for Court," *New York Times*, June 18, 1986, https://www.nytimes.com/1986/06/18/us/burger-retiring-rehnquist-named-chief-scalia-appeals-judge-chosen-for-court.html.

第8章——當異議引爆迷因

文中所引案例：

Shelby County v. Holder, 570 U.S. 529 (2013)

Burwell v. Hobby Lobby Stores, Inc., 573 U.S. 682 (2014)

Gonzales v. Carhart, 550 U.S. 124 (2007)

Ledbetter v. Goodyear Tire & Rubber Co., 550 U.S. 618 (2007)

National Federation of Independent Business v. Sebelius, 567 U.S. 519 (2012)

Trump v. Hawaii, 585 U.S. ___ (2018)

Masterpiece Cakeshop, Ltd. v. Colorado Civil Rights Commission, 584 U.S. ___ (2018)

Bush v. Gore, 531 U.S. 98 (2000)

Northwest Austin Municipal Utility District No. 1 v. Holder, 557 U.S. 193 (2009)

Roe v. Wade, 410 U.S. 113 (1973)

Dred Scott v. Sandford, 60 U.S. 393 (1857)

Plessy v. Ferguson, 163 U.S. 537 (1896)

原註：

1 Ruth Bader Ginsburg, "Dinner Remarks," Embassy of the United States, Madrid, July 23, 1996.

2 *Notorious R.B.G.* (blog), Tumblr, June 25, 2013, entry, http://notoriousrbg.tumblr.com/post/53878784482/throwing-out-preclearance-when-it-has-worked-and.

3 Saba Hamedy, "The Authors of 'Notorious RBG' on Why They First Started a Tumblr About Ruth Bader Ginsburg," *Los Angeles Times*, January 25, 2015, https://www.latimes.com/books/reviews/la -ca-jc-notorious-rbg-20151025-story.html.

4 Ibid.

5 *Burwell v. Hobby Lobby Stores, Inc.*, 573 U.S. 682 (2014) (Ginsburg, J., dissenting).

6 Ruth Bader Ginsburg, "Styles of Collegial Judging: One Judge's Perspective," *Federal Bar News and Journal* 39 (1992): 200.

7 Ruth Bader Ginsburg, "Remarks on Writing Separately," *Washington Law Review* 65 (1990): 133.

8 Ginsburg, "Speaking in a Judicial Voice," p. 1192.

9 Ruth Bader Ginsburg, "Interpretations of the Equal Protection Clause," *Harvard Journal of Law*

and Public Policy, vol. 9 (1986): 41.

10 Ginsburg, "Speaking in a Judicial Voice," p. 1193.

11 *Notorious R.B.G.*

第9章——她想推翻的判例

文中所引案例：

Fisher v. University of Texas at Austin, 579 U.S. ___ (2016)

United States v. Carolene Products Co., 304 U.S. 144 (1938)

Citizens United v. Federal Election Commission, 558 U.S. 310 (2010)

Gonzales v. Carhart, 550 U.S. 124 (2007)

United States v. Windsor, 570 U.S. 744 (2013)

Hollingsworth v. Perry, 570 U.S. 693 (2013)

Maher v. Roe, 432 U.S. 464 (1977)

Harris v. McRae, 448 U.S. 297 (1980)

National Federation of Independent Business v. Sebelius, 567 U.S. 519 (2012)

Shelby County v. Holder, 570 U.S. 529 (2013)

Korematsu v. United States, 323 U.S. 214 (1944)

Lochner v. New York, 198 U.S. 45 (1905)

Bowers v. Hardwick, 478 U.S. 186 (1986)
Lawrence v. Texas, 539 U.S. 558 (2003)
United States v. Virginia, 518 U.S. 515 (1996)
Roe v. Wade, 410 U.S. 113 (1973)

第10章——審時度勢

文中所引案例：
Roe v. Wade, 410 U.S. 113 (1973)
Brown v. Board of Education of Topeka, 347 U.S. 483 (1954)
Loving v. Virginia, 388 U.S. 1 (1967)
Skilling v. U.S. 561 U.S. 358 (2010)
Citizens United v. Federal Election Commission, 558 U.S. 310 (2010)
Chevron U.S.A., Inc. v. NRDC, 467 U.S. 837 (1984)
Dred Scott v. Sandford, 60 U.S. 393 (1857)
Plessy v. Ferguson, 163 U.S. 537 (1896)
Furman v. Georgia, 408 U.S. 238 (1972)
Gregg v. Georgia, 428 U.S. 153 (1976)

原註：

1 Ginsburg, "Speaking in a Judicial Voice," p. 1208.
2 Ibid., p. 1206.
3 Ibid., p. 1207.
4 Ruth Bader Ginsburg, "Inviting Judicial Activism: A 'Liberal' or 'Conservative' Technique?," *Georgia Law Review* 15 (1981): 542.
5 Ibid., p. 544.
6 Ibid., p. 545.
7 Jeffrey Rosen, "Supreme Court, Inc.," *New York Times Magazine*, March 16, 2008, https://www.nytimes.com/2008/03/16 /magazine/16supreme-t.html.
8 *Riegel v. Medtronics*, 552 U.S. 312 (2008).
9 *Gutierrez-Brizuela v. Lynch*, 834 F.3d 1142 (10th Cir., 2016).
10 Ginsburg, "Inviting Judicial Activism," p. 553.
11 Thomas M. Keck, *The Most Activist Supreme Court in History: The Road to Modern Judicial Conservatism* (Chicago: University of Chicago Press, 2004), p. 251.

第11章——#MeToo與更佳的兩性合作

文中所引案例：

Marschall v. Land Nordrhein Westfalen, Case No.C-409/95, (1997) ECR I-6363

Regents of University of California v. Bakke, 438 U.S. 265 (1978)

Personnel Administrator of Massachusetts v. Feeney, 442 U.S. 256 (1979)

Ledbetter v. Goodyear Tire & Rubber Co., 550 U.S. 618 (2007)

原註：

1 Ruth Bader Ginsburg, "Women's Right to Full Participation in Shaping Society's Course: An Evolving Constitutional Precept," in Betty Justice and Renate Pore, *Toward the Second Decade: The Impact of the Women's Movement on American Institutions* (Westport, CT: Greenwood Press, 1981), p. 174.

2 Ibid., p. 175.

3 Ibid., p. 174.

4 Catharine A. MacKinnon, *Feminism Unmodified: Discourses on Life and Law* (Cambridge, MA: Harvard University Press, 1987), p. 35.

5 Jeffrey Rosen, "The Book of Ruth," *New Republic*, August 2, 1993.

6 Ginsburg, "Some Thoughts on the 1980's Debate."

7 Ibid., p. 150.

8 Ruth Bader Ginsburg, "Some Thoughts on Benign Classification in the Context of Sex," *Connecticut Law Review* 10 (1978): 825, citing *Leisner v. New York Telephone Co.*, 358 F. Supp. 359

(S.D.N.Y. 1973).

9 Ruth Bader Ginsburg and Deborah Jones Merritt, "Affirmative Action: An International Human Rights Dialogue," *Cardozo Law Review* 21 (1999): 279.

10 Ginsburg, "Women's Right to Full Participation," p. 187.

11 Ginsburg, "Some Thoughts on the 1980's Debate," p. 150. 12. Ibid., p. 146.

第12章——與瑪格麗特・愛特伍會晤

文中所引案例：

Roe v. Wade, 410 U.S. 113 (1973)

Ledbetter v. Goodyear Tire & Rubber Co., 550 U.S. 618 (2007)

General Electric Co. v. Gilbert, 429 U.S. 125 (1976

Planned Parenthood of Southeastern Pennsylvania v. Casey, 505 U.S. 833 (1992)

Miranda v. Arizona, 384 U.S. 436 (1966)

Nevada Department of Human Resources v. Hibbs, 538 U.S. 721 (2003)

Citizens United v. Federal Election Commission, 558 U.S. 310 (2010)

原註：

1 Margaret Atwood, "Am I a Bad Feminist?," *Globe and Mail* (Toronto), January 15, 2018, https://

www.theglobeandmail.com/opinion/am-i-a-bad-feminist/article37591823/./.

2 Ashifa Kassam, "Margaret Atwood Faces Feminist Backlash on Social Media over #MeToo," *Guardian*, January 15, 2018, https://www.theguardian.com/books/2018/jan/15/margaret-atwood-feminist-backlash-metoo.

第13章—不世之功

文中所引案例：

Madison v. Alabama, 586 U.S. ___ (2019)

Department of Commerce v. New York, 586 U.S. ___(2019)

Rucho v. Common Cause, 588 U.S. ___ (2019)

American Legion v. American Humanist Assn., 588 U.S. ___ (2019)

Gundy v. United States, 588 U.S. _ (2019)

原註：

1 Adam Feldman, "Final Stat Pack for October Term 2018," SCOTUSblog (June 28, 2019), https://www.scotusblog.com/2019/06/final-stat-pack-for-october-term-2018/.

2 Ibid.

「我反對！」不恐龍大法官RBG第一手珍貴訪談錄
橫跨近30年，13場關於愛、自由、人生及法律的對話

「我反對！」不恐龍大法官RBG
第一手珍貴訪談錄：橫跨近30年，13場
關於愛、自由、人生及法律的對話／
傑佛瑞．羅森著；朱怡康譯.
－初版.－臺北市：麥田出版：
家庭傳媒城邦分公司發行，民110.07
面；　公分.－(不歸類；193)
譯自：Conversations with RBG: Ruth Bader Ginsburg on Life, Love, Liberty, and Law
ISBN 978-626-310-016-9(平裝)
1.法官 2.傳記
785.28　　110007689

封面設計　兒日設計
初版一刷　2021年7月
初版五刷　2023年9月
定　　價　新台幣420元
I S B N　978-626-310-016-9
Printed in Taiwan

作　　者　傑佛瑞．羅森（Jeffrey Rosen）
譯　　者　朱怡康
責任編輯　賴逸娟
國際版權　吳玲緯
行　　銷　何維民　吳宇軒　陳欣岑　林欣平
業　　務　李再星　陳紫晴　陳美燕　葉晉源
副總編輯　何維民
編輯總監　劉麗真
總 經 理　陳逸瑛
發 行 人　涂玉雲

出　　版
麥田出版
台北市中山區104民生東路二段141號5樓
電話：(02) 2-2500-7696　傳真：(02) 2500-1966
麥田網址：https://www.facebook.com/RyeField.Cite/

發　　行
英屬蓋曼群島商家庭傳媒股份有限公司城邦分公司
地址：10483台北市民生東路二段141號11樓
網址：http://www.cite.com.tw
客服專線：(02)2500-7718; 2500-7719
24小時傳真專線：(02)2500-1990; 2500-1991
服務時間：週一至週五09:30-12:00; 13:30-17:00
劃撥帳號：19863813　戶名：書虫股份有限公司
讀者服務信箱：service@readingclub.com.tw
麥田網址：https://www.facebook.com/RyeField.Cite

香港發行所
城邦（香港）出版集團有限公司
地址：香港灣仔駱克道193號東超商業中心1樓
電話：+852-2508-6231　傳真：+852-2578-9337
電郵：hkcite@biznetvigator.com

馬新發行所
城邦（馬新）出版集團【Cite(M) Sdn. Bhd. (458372U)】
地址：41, Jalan Radin Anum, Bandar Baru Sri Petaling, 57000 Kuala Lumpur, Malaysia.
電話：+603-9057-8822　傳真：+603-9057-6622
電郵：cite@cite.com.my